Jorge Gómez
Velssy Hernández
Daniel Salas

Diseño e Implementación de Ontologías en Java y Apache Jena

Jorge Gómez
Velssy Hernández
Daniel Salas

Diseño e Implementación de Ontologías en Java y Apache Jena

Construcción de ontologías y despliegue en Java

Editorial Académica Española

Imprint
Any brand names and product names mentioned in this book are subject to trademark, brand or patent protection and are trademarks or registered trademarks of their respective holders. The use of brand names, product names, common names, trade names, product descriptions etc. even without a particular marking in this work is in no way to be construed to mean that such names may be regarded as unrestricted in respect of trademark and brand protection legislation and could thus be used by anyone.

Cover image: www.ingimage.com

Publisher:
Editorial Académica Española
is a trademark of
International Book Market Service Ltd., member of OmniScriptum Publishing Group
17 Meldrum Street, Beau Bassin 71504, Mauritius
Printed at: see last page
ISBN: 978-620-3-03102-7

SOBRE LOS AUTORES:

Jorge Gómez Gómez

Ingeniero de Sistemas, Recibió grado de Magister en Ingeniería Telemática en la Universidad del Cauca Colombia en 2010, PhD en Tecnologías de la Información y Comunicaciones en la Universidad de Granada España en 2018, Docente tiempo completo del programa Ingeniería de Sistemas - Universidad de Córdoba, Miembro Rama IEEE. Líneas de investigación: Computación Ubicua y Servicios avanzados en Telecomunicaciones. Investigador Titular grupo de investigación SOCRATES – Universidad de Córdoba.

Velssy Hernández Riaño

Es Ingeniera de Sistemas y tiene una Maestría en Ingeniería Telemática de la Universidad Francisco José de Caldas, Colombia. Es Profesora e Investigadora del grupo de investigación SOCRATES del Departamento de Ingeniería de Sistemas de la Universidad de Córdoba.

Daniel Salas Álvarez

Ingeniero de Sistemas y Magister en Informática, con 22 años de experiencia en Docencia Universitaria, como investigador he publicado 3 libros, más de 20 publicaciones científicas, con experiencia en el desarrollo y coordinación de proyectos de incorporación de las Tecnologías de la Información y Comunicación en educación básica y educación superior. Me he desempeñado como decano de la Facultad de Ingeniería de la Universidad de Córdoba, por cinco años, 10 años como director del Grupo de Investigación SOCRATES, Editor de la Revista Ingeniería e Innovación por 3 años, Vicerrector Académico(e), Rector(e) en varias oportunidades, he participado en comités de expertos en el Ministerio de Educación Nacional, 12 años de experiencia como par académico en el Ministerio de Educación Nacional, Par Académico ante el CNA y cuatro (4) años de experiencia como Par Académico en Colciencias. Actualmente participo de la IEEE con Membresía No 95671027, miembro de la Red Inclusive Learning Iniciative y en la Red Mundial de Investigadores, AuthorAID, Miembro fundador del Congreso Internacional Cava.

RESUMEN

El uso de ontologías para la representación de datos es una línea de investigación de amplio espectro dentro de la inteligencia artificial. Con las ontologías se busca representar el conocimiento para que pueda ser interpretado por sistemas informáticos. Las aplicaciones de las ontologías son variadas, que van desde la representación de datos para la web semántica, sistemas expertos entre otros. En este libro inicialmente se explican las metodologías más comunes para el desarrollo de ontologías, que van desde las metodología simple, pasando por la Skeletal, hasta llegar a la NeON, cada una tiene sus propias características que la hacen útil dependiendo el problema a modelar y la adopción misma del ingeniero de conocimiento. Seguidamente se plantea un modelo de representación semántico para describir un entorno universitario, posteriormente se pasa a construir una ontología en Protegé. Finalmente se utiliza Java y Apache Jena para ejecutar consultas de escritorio y servicios web.

El lector tendrá una experiencia de inmersión en el desarrollo de ontologías, de tal forma que aunque no conozca mucho del tema, una vez empiece con la fundamentación teórica y aspectos relacionados con las propiedades de las ontologías, podrá posteriormente desarrollar paso a paso una ontología desde cero. Es importante resaltar que el manejo de ontologías tiene un gran campo de acción en el mundo de la inteligencia artificial, por tanto recomendamos a los lectores, que cuando terminen de leer y ejecutar las guías de este libro, continuar afianzando este conocimiento en problemas de mayor complejidad y aplicarlos en entornos reales.

CONTENIDO

CAPITULO I: FUNDAMENTOS TEORICOS

1. Metodologías para el desarrollo de Ontologías

En el proceso del diseño de la ontología se requiere contar con una metodología para su desarrollo. En esta sección se describe brevemente las metodologías existentes en la literatura, por lo que se puede observar en las metodologías, la mayor parte de las ontologías tiene las mismas fases y las actividades se repiten. En la figura 1, se presenta el ciclo de vida genérico para el desarrollo de ontologías.

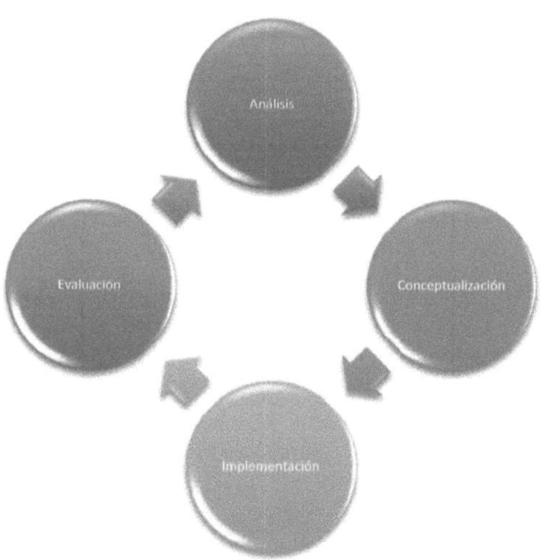

Figura 1 Ciclo de vida para el desarrollo de la ontología

A continuación se explica brevemente el proceso general para el desarrollo de una ontología, el cual consta de cuatros fases:

- Fase de Análisis: Esta fase contempla el propósito de la ontología que permitirá definir el alcance, dominio, y reutilización de la misma.

- Fase de Conceptualización: En esta etapa se define un modelo conceptual que describe la ontología que se desarrollará, donde debe cumplir con la especificación obtenida en la fase anterior. La conceptualización consiste en organizar y convertir una percepción informal de un dominio en una especificación semi-formal, utilizando representaciones intermedias como diagramas o tablas, que puedan ser entendidas por los expertos del dominio y los desarrolladores de ontologías. Diferentes metodologías proponen el uso de diferentes modelos conceptuales, desde modelos incompletos informales como los mapas mentales utilizados en (Sure et al., 2002) hasta modelos semiformales como el diagrama de relaciones binarias o el diccionario de conceptos propuestos en (Fernández et al., 1999).

- Implementación: Se refiere a la representación explícita del conocimiento adquirido en la fase anterior, en un lenguaje formal. Es decir, implica la generación de modelos computacionales de acuerdo a la sintaxis de un lenguaje de representación formal como son RDF(S), OWL y FLogic, entre otros.

- Evaluación: Consiste en realizar un juicio técnico de la ontología, su entorno de software asociado y la documentación con respecto a un marco de referencia durante cada fase y entre las fases de su ciclo de vida (Gomez et al., 1995). El marco de referencia puede incluir las especificaciones de requisitos, las preguntas de competencia y/o el mundo real.

Son muchas las metodologías existentes en la actualidad, en este trabajo solo describimos brevemente algunas de las metodologías, comenzando con la metodología simple de ingeniería de conocimiento, SKELETAL, METHONTOLOGY, **On**-To-Knowledge, DILIGENT y terminando con la Metodologia NEON.

1.1. Metodología simple de ingeniería de conocimiento (Noy y MacGuinness, 2001)

Paso 1. Determinar el alcance y el dominio de la ontología. Se inicia el desarrollo de la ontología definiendo su dominio y alcance. Las preguntas de competencia (Gruninger y Fox 1995) se pueden utilizar para determinar el dominio y el alcance de la ontología, definiendo un conjunto de preguntas que la ontología debe ser capaz de responder, a través de su base de conocimiento.

Paso 2. Considerar reutilizar ontologías existentes. Es importante verificar fuentes existentes para el dominio de interés. Especialmente, si el sistema a desarrollar necesita interacción con otras aplicaciones que involucran ontologías o vocabularios particulares.

Paso 3. Especificar términos importantes en la ontología. Realizar una lista completa de términos, facilita identificar los conceptos que se van representar, así como sus propiedades y relaciones entre ellos.

Paso 4. Definir las clases y la jerarquía de clases. Desde diversos enfoques que permiten desarrollar jerarquías de clases, se pueden definir los conceptos más generales y específicos en el dominio (Uschold y Gruninger 1996), como son los procesos de desarrollo descendente (*top down*), ascendente (*bottom-up*) y el proceso que combina los dos anteriores, entre otros.

Paso 5. Definir las propiedades de las clases de ranuras. Las clases por sí solas no proporcionan suficiente información para responder a las preguntas del paso 1. Una vez que se han definido algunas de las clases, hay que describir la estructura interna de los conceptos. Luego de seleccionar las clases de la lista de términos, que se ha creado en el paso 3. La mayor parte de los términos restantes es probable que sean las propiedades de estas clases. Para cada propiedad en la lista, hay que determinar qué clase describe. En general, hay varios tipos de propiedades de los objetos que pueden convertirse en ranuras en una ontología: i) propiedades intrínsecas, ii) propiedades extrínsecas, iii) relaciones con otros individuos; éstas son las relaciones entre los miembros individuales de la clase y otros elementos.

Paso 6. Definir las facetas de las ranuras. Las ranuras pueden tener diferentes facetas que describen el tipo de valor, los valores permitidos, el número de los valores (cardinalidad), y otras características de los valores de la ranura que pueden tomar. Los más comunes son: a) Cardinalidad de ranura, define cuántos puede tener. Algunos sistemas distinguen sólo entre cardinalidad simple, permitiendo como máximo un valor y la cardinalidad múltiple permite cualquier número de valores. b) Tipo de valor describe qué tipos de valores pueden llenar en la ranura, por ejemplo, cadena de caracteres, numérico, tipo de instancia y enumerados. c) Dominio y rango de una ranura, las clases permitidas para las ranuras de tipo Instancia a menudo se llaman un rango de una ranura. Las clases a las que se adjunta una ranura o a una clase que describe la propiedad de una ranura, se denominan el dominio de la ranura.

Paso 7.Crear instancias. El último paso es la creación de instancias individuales de clases en la jerarquía. La definición de una instancia individual de una clase requiere, la elección de una clase, la creación de una instancia individual de esa clase y el llenado en los valores de la ranura.

1.2. SKELETAL METHODOLOGY

Esta metodología define un conjunto de pasos que son requeridos para el entendimiento y construcción de la ontología (Uschold y King, 1995). Con el propósito de identificar y definir los conceptos claves de conceptos y relaciones basados en términos en lenguaje natural. Skeletal plantea los siguientes cuatro pasos:

Paso 1. Identificar el propósito de la ontología. Es necesario identificar por qué se está construyendo la ontología y sus posibles usos, así como el rango de usuarios de la ontología. Las preguntas de competencia permiten identificar el propósito de la ontología en términos específicos.

Paso 2. Construcción de la ontología. Construir la ontología requiere tres pasos: captura, codificación e integración de ontologías existentes.

La captura ontológica se refiere a:

1. Identificación de los conceptos clave y las relaciones en el dominio.

2. Producción de definiciones precisas e inequívocas para tales conceptos y relaciones.

3. Identificación de términos para referirse a tales conceptos y relaciones.

La codificación consiste en representar de forma explícita, la conceptualización capturada en la etapa anterior en un lenguaje formal. Esto implica la elección de una meta-ontología, un lenguaje de representación y la generación del código.

La integración de ontologías ya existentes, es un punto clave para desarrollar una ontología que pueda compartirse entre múltiples comunidades de usuarios. Sin embargo, es un problema complejo en la medida que se requieren acuerdos explícitos de todos los supuestos subyacentes a las ontologías a integrar.

Paso 3. Evaluación. Se debe realizar un juicio técnico de las ontologías, entorno de software asociado y documentación, con respecto a especificaciones de requisitos, preguntas de competencia y el mundo real.

Paso 4. Documentación. Sugiere documentar los principales conceptos definidos en la ontología y las primitivas usadas para expresar las definiciones en la ontología, también denominada metaontología.

1.3. METHONTOLOGY

Methontology permite la construcción de ontologías mediante la identificación de actividades requeridas en el proceso de desarrollo de la ontología, el ciclo de vida basado en prototipos evolutivos y técnicas particulares para realizar, usar y evaluar las actividades generadas en el proceso de desarrollo (Gómez-Pérez et al., 2003)

En el proceso de desarrollo de la ontología se pueden clasificar las actividades en tres categorías Figura 2: a) actividades de gestión, b) actividades orientadas al desarrollo y c) actividades de soporte.

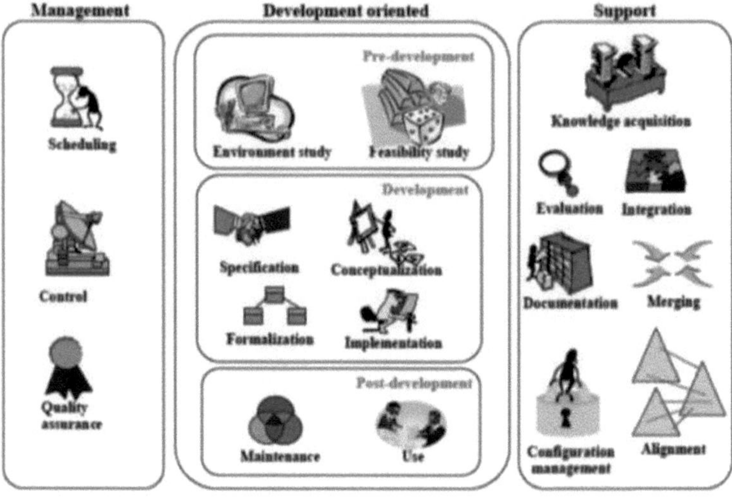

Figura 2. Proceso para el desarrollo de ontología (Gómez-Pérez et al., 2003)

El proceso de desarrollo de la ontología, no identifica el orden en que se deben realizar las actividades. Por lo tanto, en el ciclo de vida se determina cuándo se deben llevar a cabo las actividades. Es decir, identifica el conjunto de etapas a lo largo de las cuales se mueve la ontología durante su vida útil; describiendo qué actividades se deben realizar en cada etapa y cómo se relacionan esas etapas.

1.4.   Metodología On-To-Knowledge (Staab et al., 2001)

La metodología On-To-Knowledge (Staab et al., 2001) permite la construcción de ontologías orientadas a la gestión de conocimiento. Los procesos de desarrollo de la metodología son: estudio de factibilidad, iniciación, refinamiento, evaluación y mantenimiento figura 3.

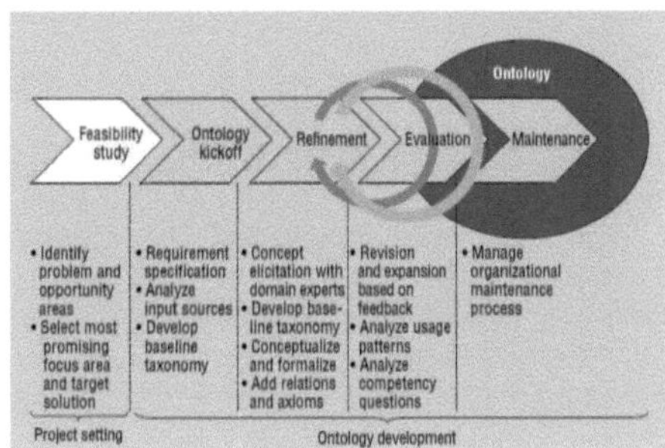

Figura 3. Proceso de desarrollo de ontología On-To-Knowledge. Adaptado de (Stabb, 2001).

Se debe realizar un estudio de factibilidad para identificar áreas problemáticas o de oportunidad y posibles soluciones. El estudio de factibilidad puede ayudar a determinar la viabilidad económica y técnico del proyecto, y debe realizarse antes de desarrollar la ontología porque sirve como base para la fase de inicio.

La iniciación de la ontología debe generar un documento de especificación de requisitos de ontología. También debe guiar a un ingeniero de ontología en decisiones sobre inclusión, exclusión y estructura jerárquica de conceptos en la ontología. En esta etapa inicial, es necesario buscar las ontologías ya desarrolladas y potencialmente reutilizables.

En la fase de refinamiento se obtiene una ontología objetivo maduro y orientado a la aplicación de acuerdo con la especificación generada en la etapa previa. Se divide en diferentes subfases:

- Recopilación de una taxonomía de referencia informal que contiene los conceptos relevantes dados durante la fase de inicio.
- Obtener conocimiento de expertos de dominio basado en el aporte inicial de la taxonomía de referencia, para desarrollar una ontología semilla que contenga conceptos relevantes y describa las relaciones entre ellos.
- Transferencia de la ontología semilla a la ontología objetivo utilizando lenguajes de representación formal.

La fase de evaluación permite verificar si la ontología objetivo satisface el documento de especificación de requisitos de ontología y si la ontología respalda o responde las preguntas de competencia analizadas en la fase de inicio del proyecto. Alcanzar el nivel especificado en la ontología objetivo, puede requerir varios ciclos de evaluación y refinamiento.

Finalmente, la fase de mantenimiento actualiza los cambios en las especificaciones de la ontología, mediante el desarrollo de nuevas versiones, y prueba la ontología en el entorno de aplicación objetivo.

1.5. METODOLOGÍA DILIGENT

Diligent (Pinto et al., 2004) es una metodología para el desarrollo de ontologías de forma distribuida, brindando soporte a expertos de dominio que pueden trabajar colaborativamente y dispersos geográficamente. El proceso de desarrollo incluye cinco principales actividades: (1) construcción, (2) adaptación local, (3) análisis, (4) revisión, (5) actualización local.

La actividad de construcción se realiza teniendo en cuenta expertos de dominio, usuarios, ingenieros de conocimiento e ingenieros de ontología, que bosquejan una ontología inicial figura 4. Una vez la ontología está disponible, los usuarios pueden adaptarla localmente para sus propósitos particulares. En la etapa de análisis, se identifican similitudes en las ontologías de los usuarios, y se tienen en cuenta las diferentes necesidades de los usuarios para satisfacer sus requerimientos de evolución, en la figura 4 se aprecia los roles y funciones de la metodología.

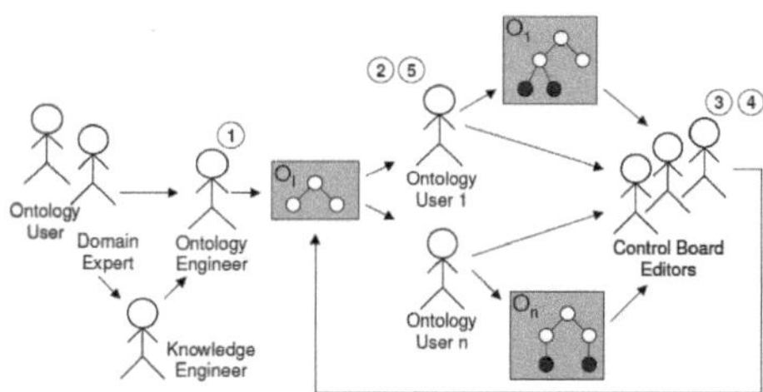

Figura 4. Roles y funciones de Diligent. Adaptado de (Pinto et al., 2004)

La junta (*board*) debe revisar regularmente la ontología compartida, para que las ontologías locales no se alejen demasiado de la ontología compartida. Por lo tanto, la junta debe tener una participación equilibrada y representativa de los diferentes tipos de participantes involucrados en el proceso. Una vez que se cuenta con una nueva versión de la ontología compartida, los usuarios pueden actualizar sus propias ontologías locales para utilizar mejor el conocimiento representado en la nueva versión. Los usuarios pueden reutilizar los nuevos conceptos representados en la nueva versión, en lugar de utilizar sus correspondientes conceptos definidos previamente de forma local.

1.6. METODOLOGÍA NEON

La metodología NeOn utiliza como estrategia de solución, la descomposición de un problema general en diferentes subproblemas a resolver (Suárez, 2010). Esta metodología permite construir redes ontológicas basándose en escenarios, los cuales están compuestos por procesos y actividades. Para obtener la solución al problema general, es decir, el desarrollo de una red ontológica, se deben combinar soluciones de los diferentes subproblemas, representados en nueve escenarios figura 5.

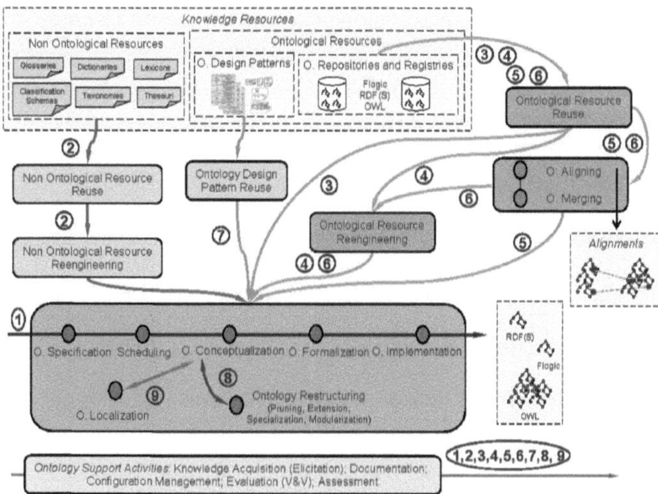

Figura 5. Escenarios para construir ontologías y redes de ontologías. (Suárez, 2010)

Los nueve escenarios más comunes que pueden presentarse durante el desarrollo de la red ontológica son los siguientes:

Escenario 1: de la especificación a la implementación. La red de ontología se desarrolla desde cero, es decir, sin reutilizar los recursos de conocimiento disponibles.

Escenario 2: reutilización y reingeniería de recursos no ontológicos. Los desarrolladores de ontologías deben llevar a cabo el proceso de reutilización de recursos no ontológicos para decidir, de acuerdo con los requisitos del ORSD (documento de especificación de requerimientos de la ontología), cuáles NORs (reutilización de recursos no ontológicos) pueden reutilizarse para construir la red ontológica. Entonces, los NORs seleccionados deberían rediseñarse en ontologías.

Escenario 3: Reutilización de recursos ontológicos. Los desarrolladores de ontología utilizan recursos ontológicos (ontologías en general, módulos de ontología y/o declaraciones de ontología).

Escenario 4: reutilización y reingeniería de recursos ontológicos. Los desarrolladores de ontología reutilizan y rediseñan recursos ontológicos.

Escenario 5: reutilización y fusión de recursos ontológicos. Este escenario se desarrolla solo en los casos en que se seleccionan varios recursos ontológicos en el mismo dominio para su reutilización y cuando los desarrolladores de ontología desean crear un nuevo recurso ontológico a partir de dos o más recursos ontológicos.

Escenario 6: reutilización, fusión y reingeniería de recursos ontológicos. Los desarrolladores de ontología reutilizan, fusionan y rediseñan recursos ontológicos en la construcción de redes de ontologías. Este escenario es similar al Escenario 5; sin embargo, aquí los desarrolladores deciden no utilizar el conjunto de recursos combinados tal como están, sino rediseñarlo.

Escenario 7: reutilización de patrones de diseño de ontología (ODP). Los desarrolladores de ontologías acceden a repositorios de ODP para reutilizarlos.

Escenario 8: Reestructuración de recursos ontológicos. Los desarrolladores de ontologías reestructuran (modularización, poda, extensión y/o especialización) los recursos ontológicos para integrarlos en la red ontológica que se está construyendo.

Escenario 9: Localización de recursos ontológicos. Los desarrolladores de ontologías adaptan una ontología a otros idiomas y comunidades culturales, obteniendo una ontología multilingüe.

CAPITULO II: MODELADO PARA UN ESCENARIO DE APRENDIZAJE

Al momento de modelar el contexto, es importante tener en cuenta algunas características de la información contextual, planteadas por (Henricksen et al, 2002):

- La información de contexto muestra una gama de características temporales, estas pueden ser estáticas o dinámicas. Para el caso de las estáticas la información siempre va ser invariante, como por ejemplo, la fecha de nacimiento de una persona. Normalmente la información del contexto es cambiante, lo que implica emplear características dinámicas, esta puede ser la ubicación de un estudiante, las actividades de aprendizaje a realizar en un momento dado, entre otras.

- La imperfección de la información del contexto. La información puede ser incorrecta si en el modelado no se refleja el verdadero estado real del mundo, inconsistente si contiene información contradictoria o incompleta, si no se conocen algunos aspectos del contexto. Por lo tanto, es importante considerar todos los aspectos relacionados con el contexto, para evitar que deriven en un mal modelamiento.

- El contexto tiene muchas alternativas de representación. El modelo de contexto debe soportar, múltiples representaciones del mismo contexto, en diferentes formas y a diferentes niveles de abstracción, y debe estar disponible para capturar la relación que existe entre alternativas de representación

- La información del contexto es altamente interrelacionada. La información del contexto puede estar relacionada por derivaciones de reglas, que describen cómo la información es obtenida por una o más piezas de información.

Como resultado de la revisión de literatura realizada inicialmente, sobre sistemas de aprendizaje que respondan a las necesidades de interacción del estudiante y el sistema, se adopta el modelamiento basado en ontologías como la técnica más apropiada para la gestión del contexto. Las ontologías permiten el intercambio de conocimiento, proporcionando una especificación formal de la semántica de los datos. Permitiendo que entidades heterogéneas y distribuidas en entornos móviles y ubicuos, puedan intercambiar información (Bettini et al., 2010). Planteamientos ontológicos basados en el uso del lenguaje OWL, mejoran el soporte de razonamiento automatizado permitiendo la representación de datos complejos; proporcionando una semántica formal para los datos del contexto que permite compartir y/o integrar contexto entre diferentes fuentes; suministrando herramientas de razonamiento para revisar la consistencia de un conjunto de relaciones que describen una situación contextual y finalmente, la más importante, la caracterización de un contexto más abstracto a partir del reconocimiento de un conjunto de datos contextuales y sus interrelaciones, por ejemplo, reconocer la actividad del usuario automáticamente (Perera et al, 2014; Bettini et al, 2010).

El propósito del desarrollo de esta ontología es generar un modelo semántico que represente a todos los elementos que se encuentren en un entorno de aprendizaje, de tal forma que pueda ser interpretada y procesada. Para que responda a las necesidades educativas de los estudiantes bajo los principios del aprendizaje activo, de tal forma, que permita generar interacción entre los estudiantes y el contexto.

2. Componentes de la ontología

Los individuos representan objetos del dominio de interés y son también conocidos como instancias.

2.1. Propiedades en OWL

Las propiedades son relaciones binarias sobre los individuos y pueden ser inversas, transitivas o simétricas.

2.2. Clases en OWL

Las clases OWL se entienden como conjuntos que contienen individuos y pueden ser organizadas dentro de una jerarquía de clases y subclases conocida como taxonomía. Las clases también son conocidas como conceptos, pues son una representación concreta de éstos.

2.3. Lógica Descriptiva y OWL

Lógica de primer orden

El fundamento que garantiza la pureza lógica de la ontologías es la lógica de primer orden. Sobre ella se asienta las lógicas descriptivas (DL), así como OWL.

Porque usamos lógicas descriptivas: Lógica de primer orden es indecidible (es fácil afirmar cosas de objetos, pero computacionalmente complejo) Se requiere de un lenguaje formal para construir y combinar definiciones de categorías (p.ej. Relaciones de subconjunto y superconjunto) Razonadores semánticos se basan en ella: FaCT++, Rancer, Pellet, ...

2.4. Lógica descriptiva

Lenguajes de representación del conocimiento

DL se diseñó como una extensión de marcos y redes semánticas, equipada con semántica basada en lógica.

Características :

Un formalismo descriptivo: conceptos, roles (relaciones), individuos.

Un formalismo terminológico: axiomas que describen propiedades genéricas.

Un formalismo asertivo: introduce propiedades de individuos.

2.5. Lógica descriptiva

Principales tareas de inferencia con lógica descriptiva:

Subsunción (comprobar si una categoría es subconjunto de otra)

Clasificación (comprobar (comprobar si un objeto pertenece a una categoría)

Ejemplo: Soltero= Y(NoCasado, Adulto, Masculino) Soltero(x)=>NoCasado(x)Yadulto(x)Ymasculino(x) (lógica de primer orden)

Ejemplo: realiza clasificación automática (realizada por el motor de inferencias del lenguaje-razonador) en tiempo de ejecución.

2.6. Correspondencia entre OWL y DL

Arquitectura DL

Lógicas descriptivas : TBOX

Tbox: contiene declaraciones terminológicas generales. Vocabulario de un dominio de aplicación en función de: Conceptos, Roles, etc. Son de dos tipos.

Lógicas descriptivas : TBOX

Abox: contiene aserciones (instancias) sobre elementos y relaciones concretas del dominio. Es decir, son aserciones acerca de individuos usando vocabulario. Dos tipos:

Definición de conceptos.

El pasto y los árboles son plantas. Las hojas son parte del árbol, pero existen otras partes de un árbol que no son hojas. Un perro debe comer al menos huesos. Una oveja es un animal solo debe comer pasto. Una jirafa es un animal que solo debe comer hojas. Las vacas locas solo se alimenta de cerebros que pertenecen a las ovejas.

Restricciones:

Animales son disjuntos con plantas.

Propiedades:

Comer es aplicado a los animales y su inverso es comido_por.

Individuos Tom Flossie es una vaca Rex es un perro y es una mascota de Mick Fido es un perro Tibbs es un gato

2.7.   Relaciones y entidades

Las entidades, también denominadas conceptos; representan a los elementos del contexto. El concepto representa un grupo de individuos diferentes, que comparten características comunes; que pueden ser más o menos específicas. La clase tiene una serie de propiedades que permiten definirla. En la figura 1, se muestra la convención de la representación. Para el propósito de esta ontología las principales clases son:

- Estudiante
- Profesor

- Dispositivo

- Actividad

- Objeto de aprendizaje

- Tiempo

- Ubicación

- Planificación

- Evento

- Rol

Las relaciones describen las interacciones entre los conceptos o las propiedades de una entidad.

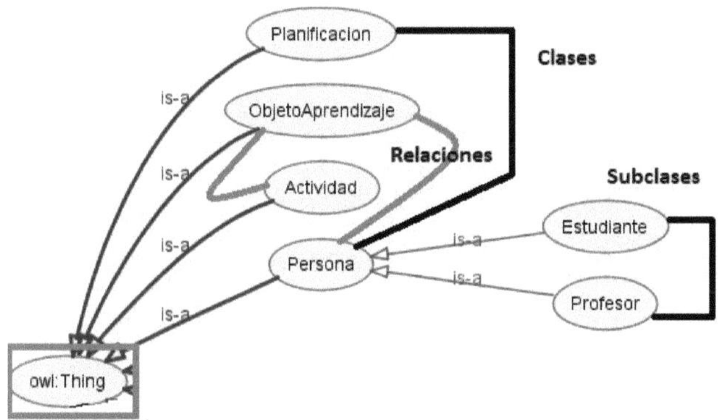

Figura 1. Esquema de representación de una ontología

2.8. Metodología aplicada para el desarrollo de la ontología

Para efectos del desarrollo de esta tesis doctoral, se ha tomado como referencia la metodología NeoN, debido a que esta plantea el uso de redes ontológicas lo que permite facilitar la creación de nuevas ontologías a partir de las ya existentes. Además plantea una guía metodológica que permite trabajar en detalle procesos y actividades relacionadas con la creación y reutilización de ontologías. En esta tesis doctoral se adopta la metodología NeOn, debido a que permite la reutilización de ontologías ya existentes, para ajustarlo al modelo de red ontológico del sistema de consciencia contextual propuesto en este trabajo.

Al adoptar la metodología NeOn, se toman algunos de los escenarios planteados para el desarrollo de la ontología. En primera instancia se abordara el escenario 1, luego se tomará el escenario 3 y el escenario 5.

- **Desarrollo de redes ontológicas desde la especificación hasta la implementación**. Como el propósito de este trabajo es desarrollar una ontología que permita al estudiante interactuar con su entorno bajo el concepto de la consciencia contextual y que a su vez el entorno facilite las actividades de aprendizaje. Para lograr tal propósito la metodología NeOn, exige en primera instancia que el escenario 1 sea de uso obligatorio para el desarrollo de la ontología, esto permitirá definir qué elementos integrar a la red ontológica. A continuación dada la problemática planteada se definen las ontologías seleccionadas para armar la red ontológica que permitirá describir la base de conocimiento del sistema. En la figura 2, se puede apreciar la red ontológica.

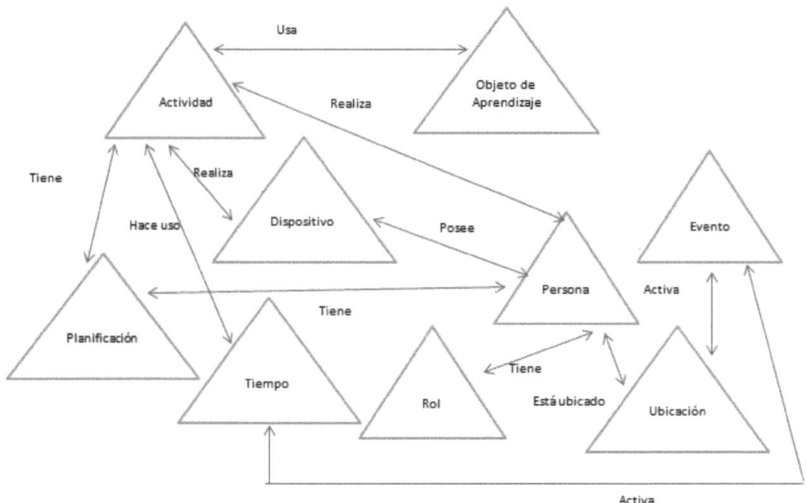

Figura 2 Red ontológica para un sistema consciente al contexto

La red ontológica para un sistema consciente al contexto que permite que el estudiante interactuar con el contexto se describe brevemente a continuación: las personas están ubicados en una Ubicación, la persona tiene un rol, por ejemplo cuatro personas se encuentra en el salón, donde cada una de estas personas están desarrollando un rol diferente, la persona 1, persona 2, persona 3 son estudiantes y la persona 4 es el tutor, por lo tanto según la situación la persona ejecuta un rol determinado, persona realiza una actividad, por ejemplo la persona 1, persona 2, persona 3 están haciendo la actividad 1, la persona 4 está haciendo la actividad 2, la actividad hace uso de objeto de aprendizaje, la actividad 1 hace uso objeto aprendizaje1, la actividad hace uso de tiempo, la actividad 1 dura 1 hora, una persona posee un dispositivo que le permite realizar las actividades de aprendizaje. Una actividad de aprendizaje tiene una planificación que se debe realizar en un tiempo determinado. Una actividad de aprendizaje puede usar 1 o más objetos de aprendizaje. Un evento puede ser activado en un periodo de tiempo determinado, una ubicación, una acción realizada por una persona, la cual puede conducir a una notificación para que realice una actividad de aprendizaje.

2.9.   Ontología propuesta

Este modelo permitirá estructurar el conjunto de relaciones y entidades involucradas para un entorno inteligente de aprendizaje. Permitiendo así generar un vocabulario entendible para todo el sistema. Esto permitirá que la información contextual, suministre al sistema consciente del contexto las funcionalidades de adaptación basadas en las situaciones que se presentan en un ambiente educativo, en la tabla 1 se aprecian las especificaciones.

Tabla 1: Especificación de requisitos de la ontología (Suárez-Figueroa, 2010)

1	Propósito
	El propósito de la construcción de la ontología es modelar el contexto del estudiante en un entorno inteligente. Para permitir que los estudiantes puedan acceder a recursos de aprendizajes, mediante el cual la información se adapte a las necesidades de cada uno de ellos basadas en los datos obtenidos del contexto.
2	Alcance

	La red ontológica permite genera la base de conocimiento que permite responder a las necesidades de interacción del estudiante y su entorno de aprendizaje. Para ello la red ontológica incluye los subdominios de: ubicación, tiempo, dispositivo, objetos de aprendizaje, persona, actividad, entorno, rol y entornos.	
3	Lenguaje de implementación	
	Se implementará en OWL y SWRL y desarrollada en Protege 5.0	
4	Usos finales previstos	
	Estudiantes y profesores	
5	Usos previstos	
	La ontología se usa para definir la información contextual de un entorno inteligente de aprendizaje. Esto permitirá dotar de consciencia contextual al entorno, permitiendo enriquecer la experiencia del estudiante, mediante el suministro de información que se genera a partir de la interacción con el contexto. A continuación se presentan el listado de algunos usos: - Adición, modificación y eliminación de información relacionada con el perfil del estudiante y el rol - Adición, modificación y eliminación de información relacionada con el rol de la persona - Adición, modificación y eliminación de información relacionada con información de los dispositivos - Adición, modificación y eliminación de información relacionada con los objetos de aprendizaje - Adición, modificación y eliminación de información relacionada con las actividades de aprendizaje que desarrollarán los estudiantes - Adición, modificación y eliminación de información relacionada con agendas de trabajo de los estudiantes	

		- Adición, modificación y eliminación de información relacionada con los entornos de aprendizaje, esto se refiere a los ambientes físicos donde el estudiante realizara las actividades de aprendizaje (salones de clases, biblioteca, laboratorios, auditorios, al aire libre, entre otras). - Localización de objetos de aprendizaje, estudiantes y locaciones -
6	Requerimientos de la ontología	
6.1.	Requerimiento no funcionales	
	El modelo ontológico se apoya en modelos existentes ampliamente reconocidos	
6.2.	Requerimiento funcionales	
	R1. ¿Cuáles son los horarios de acceso a los entornos físicos y virtuales de los estudiantes? En los entornos físicos de lunes a viernes de 07 horas 00 minutos hasta las 21 horas y 00 minutos R2. ¿Cuáles son las ubicaciones en las que los profesores dictaran las clases? salones de clases del edificio de ingeniería previamente asignados y laboratorios R3. ¿Cuáles son los horarios asignados para que los profesores dicten los cursos? de lunes a viernes de 07 horas 00 minutos hasta las 21 horas y 00 minutos, dependiendo de la asignación del curso. R4. ¿A qué hora, fecha y lugar tiene asignado el estudiante Jorge para desarrollar la actividad de aprendizaje sobre circuitos eléctricos? El estudiante Jorge debe asistir el día 14 de julio de 2017 a las 16:00 en el salón 204 del edificio Bioclimatico de la Facultad de Ingeniería R5. ¿Qué actividad tiene asignada el estudiante Jorge el día 14 de Julio de 2017 a las 16:00 y que objetos de aprendizaje recibirá? El estudiante Jorge tendrá realizará un taller sobre el tema electromagnetismo y los objetos de aprendizaje que recibirá son campo eléctrico, campo magnético y cargas eléctricas. R5. ¿Cuál es el intervalo de tiempo en el que estudiante Jorge realizará la actividad de aprendizaje sobre circuitos en paralelo? El intervalo de tiempo que tendrá el estudiante	

para realizar la actividad de aprendizaje, será el día 14 de julio de 2017 desde las 16:00 hasta las 18 horas del mismo día.

R6. ¿Qué dispositivo podrá tener el docente para realizar su clase?

- Computador personal
- Teléfono inteligente
- Tabletas del laboratorio
- Tablero o pizarrón
- Proyector
- Red Wifi

R7. ¿Qué personas están cerca del laboratorio de Electricidad? estudiante de ingeniería y docentes

R8. ¿Con qué dispositivo contará el estudiante para realizar la actividad de aprendizaje?

- Computador personal
- Teléfono inteligente
- Tabletas del laboratorio
- Etiquetas NFC
- Etiquetas QRCODE
- Sensores BLE
- Red Wifi del laboratorio
- Bluetooth en los teléfonos inteligentes y tabletas

R9. ¿Qué actividades de aprendizaje hay para realizar en el día de hoy en el curso de Introducción a la ingeniería eléctrica? Estudio de circuitos en serie

R10. ¿En qué estado deben estar los teléfonos inteligentes cuando llegan al salón de clases? Deben tener activado el wifi, bluetooth, NFC activado.

R11. ¿Qué objetos de aprendizaje se deben enviar a los estudiantes de introducción a la ingeniería eléctrica antes de ir a la clase?, Objetos de aprendizaje sobre conductores eléctricos.

R12. ¿Qué eventos asociados a los temas visto en clases se han planificado para el día

	de hoy?, ¿Donde? Taller sobre ley de Ohm, en el laboratorio de electricidad de la facultad a las 18 horas R13. ¿Qué evento cercano al lugar de clases se está desarrollando en este momento y que guarda relación con la temática en discusión? Conferencia sobre campos gravitacionales, lugar auditorio de la Facultad. R14 ¿Cómo realizar el seguimiento al proceso de enseñanza aprendizaje de los estudiantes?. El seguimiento al proceso de enseñanza aprendizaje de los estudiantes se puede realizar dentro y fuera del salón de clases (laboratorio, biblioteca, auditorios) R15. ¿Si el estudiante tiene portátil y se encuentra en la universidad el día X a la hora h puede ver la siguientes materias?. El podrá ver de acuerdo al plan de curso las asignaturas asignadas para tal día.
7.	Pre-glosario de términos
a)	Términos de las preguntas de competencia y características generales
	- Entornos - Físico - Virtual - Estudiantes - Objetos de aprendizajes - Tiempo - Intervalo - Dispositivo - Actividades de aprendizaje - Día - Lugar - Estado - Laboratorio - Evento

		- Planificación
		- Momento
		- Profesores
b)	Términos de las respuestas	
		- Entorno físicos
		- Días de la semana
		- Horas
		- Minutos
		- Salones de clases
		- Edificios
		- Laboratorios
		- Asistir
		- Estudiante
		- Realizará
		- Taller
		- Objetos de aprendizaje
		- Intervalo de tiempo
		- Actividad de aprendizaje
		- Computador personal
		- Teléfono inteligente
		- Tabletas del laboratorio
		- Tablero o pizarrón
		- Proyector
		- Red Wifi
		- Etiquetas NFC
		- Etiquetas QRCODE
		- Sensores BLE

	-	Auditorio
C)		Objetos
	-	Computador personal
	-	Teléfono inteligente
	-	Tabletas del laboratorio
	-	Etiquetas NFC
	-	Etiquetas QRCODE
	-	Sensores BLE
	-	Red Wifi
	-	Laboratorio
	-	Lunes a viernes
	-	De las 07 horas a las 21 horas
	-	Facultad de Ingeniería
	-	Auditorio de la facultad
	-	Laboratorios

2.9.1. Reutilización de recursos ontológicos

El uso de ontología para modelar el contexto, ha sido ampliamente utilizado como en (Chen et al, 2003: Chen et al, 2004; Wang 2004; Strang et al, 2004; Klyne et al, 2004; Pung et al, 2004; Bettini et al., 2010; Xu et al, 2013; Perera et al, 2014). Sin embargo a pesar de su amplio estudio, no hay una ontología estándar que pueda resolver problemas como el planteado en esta tesis. La gran mayoría de las ontologías obedecen a soluciones particulares de aplicaciones, de tal forma que un camino para definir un modelo contexto es aprovechar las soluciones ya planteadas y reutilizarlas. De acuerdo a (Suarez-Figueroa, 2010), una forma de aprovechar los trabajos ya realizados es a través del desarrollo de redes ontológicas mediante la reutilización de recursos ontológicos.

En este escenario lo que se busca es analizar las ontologías ya existentes para construir la red ontológica que se pretende desarrollar. Esto en gran medida ayuda a agilizar el proceso de construcción de la red ontológica. Para ello se debe tener en cuenta que existen dos tipos de ontologías, las generales y de dominio especifico. Por otro lado están las ontologías de conocimientos específicos, que proveen una base de conocimiento sobre diferentes tipos de aplicaciones como en educación, salud, comercio electrónico entre otras.

2.9.2. *Reutilización de ontologías generales o comunes*

Las ontologías generales o comunes (Van et al, 1997; Mizoguchi et al, 1995; Xiang et al, 2010; Jimeno-Yepes et al 2009) plantean conceptos generales basados en fundamentos teóricos, que representan una base de conocimiento de distintos dominios, como por ejemplo ontologías espacios temporales y mereología (Shoham, 1987; Bochman, 1990; Freundschuh y Egenhofer, 1997; Ye et al, 2007).

A continuación se describen las ontologías generales de modelamiento del tiempo, integrada en la red ontológica del sistema de consciencia contextual.

- **Modelamiento del tiempo**. Corresponde a conceptos relacionados con aspectos temporales, como hora, minuto, segundo, milisegundo, nanosegundo, o fecha (día, mes, año), en particular. El modelado del tiempo se utiliza para controlar el conjunto de acciones que se ejecutan en un momento determinado. Numerosos trabajos abordan el concepto del tiempo como en (Shoham, 1987;

Bochman, 1990; Freundschuh y Egenhofer, 1997; Ye et al, 2007), donde lo conciben como un intervalo y una unidad. Además lo clasifican en tiempo calendario o tiempo en reloj. Por ejemplo, a modo de contexto un día es considerado un punto en el tiempo, en otro escenario, puede ser un intervalo de tiempo. En esta se hace un análisis sobre las diferentes ontologías desarrollas para modelar el tiempo.

De acuerdo a (Fernández-López y Gómez-Pérez, 2004), en la tabla 2 se muestran algunas características que implementan teorías de tiempo y que son necesarias para el desarrollo de la ontología del contexto para este trabajo.

Tabla 2, Nociones del modelado del tiempo adaptado de (Fernández-López y Gómez-Pérez, 2004)

Nociones		Descripción
Puntos de tiempo	Intervalos apropiados	Se pueden ver puntos de tiempo como en la línea de tiempo.
Intervalos de tiempo	Granularidades temporales	Se puede ver un intervalo de tiempo como el tiempo entre dos puntos de tiempo
Tiempo absoluto y relativo	Orden total	El tiempo se representa de una manera absoluta

	39	cuando se relaciona con un hecho y es relativo cuando se relaciona con el tiempo válido de otro hecho.
Relaciones entre intervalos de tiempo	infinito	Presenta la relación entre intervalos de tiempo, por ejemplo: está dentro de (intervalo1, intervalo2), esta antes de (Intervalo1, intervalo2), es igual a (intervalo1, intervalo2), inicia en (intervalo1, intervalo2), finaliza en (intervalo1, intervalo2). (Allen, 1984)
Intervalos convexos y no convexos	Densidad	Los intervalos no convexos permiten identificar intervalos periódicos con espacios entre ellos (ejemplo, "todos los lunes"). Los intervalos

		convexos son aquellos que no están compuestos de piezas separadas (ejemplo, del 30 de enero de 2016l) (Zhou et al., 2000)
Intervalos abiertos y cerrados	Isomorfismo a los números reales	Los puntos finales del intervalo pueden estar o no incluidos en el intervalo.

Basados en las nociones planteadas por (Fernández-López y Gómez-Pérez, 2004), se analizaron las siguientes ontologías de uso general del tiempo, para modelar el contexto temporal. Estas ontologías se analizaron porque se ajustan al formato OWL y es el lenguaje de implementación para la red ontológica. En la tabla 3 se describen las características de las de las diferentes ontologías que implementan teorías de tiempo.

Tablas 3. Descripción de ontologías que implementan teorías de tiempo. Adaptado de (Fernández-López y Gómez-Pérez, 2004).

Características	OWL-Time	Sumo	AK-Time	Requeridas para la red ontología del sistema de consciencia contextual

Puntos de tiempo	Si	Si	Si	Si
Intervalos de tiempo	Si	Si	Si	Si
Relaciones de orden	Si	Si	Si	Si
Zonas Horarias	Si	Si	No	Si

Siguiendo la metodología NeOn y analizando las cuatro dimensiones (costos de reutilización, esfuerzos de comprensión, esfuerzo de integración y fiabilidad) en las ontologías expuestas. La ontología que más se adaptan a los requerimientos de la red ontológica del sistema de consciencia contextual es OWL-Time.

Para efectos del modelo de la ontología del sistema de consciencia contextual, se crea la ontología que representa el dominio del tiempo, en esta se hace el proceso de importación de la ontología general OWL-Time. En la figura 3, se puede apreciar la integración de la ontología a la red ontológica.

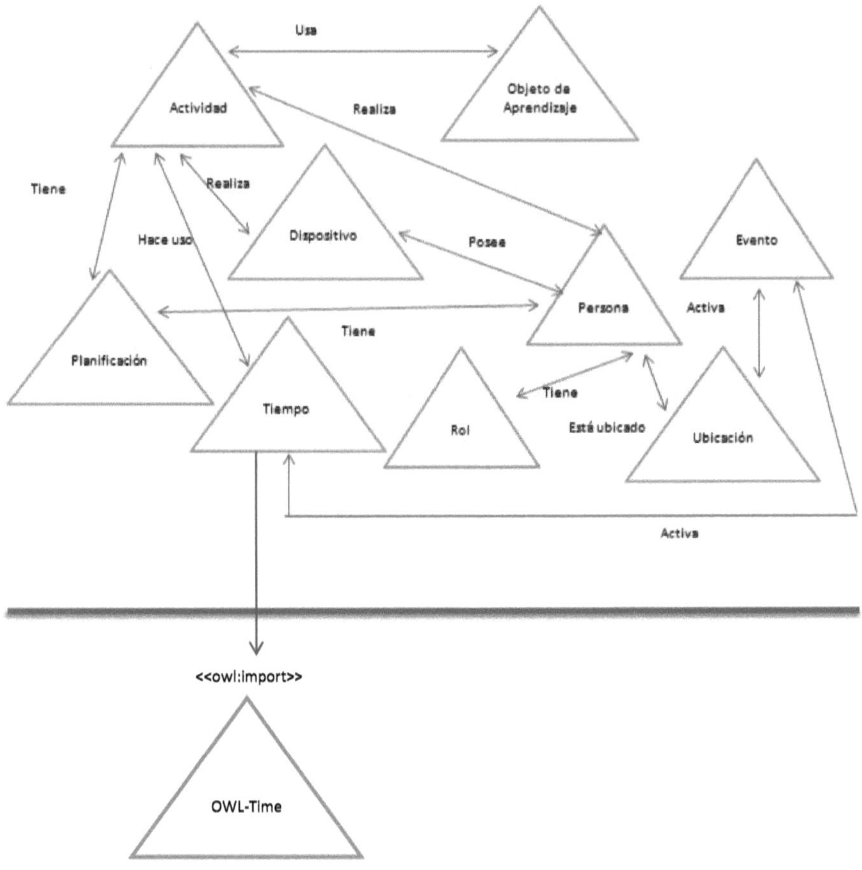

Figura 3 Integración de la ontología OWL-Time a la Red ontológica propuesta

La entidad principal de la ontología OWL-Time es *TemporalEntity* que se perfecciona en dos tipos: Instantáneo e Intervalo. Una *TemporalEntity* tiene un comienzo y un fin.

También   la ontología define GeneralDateTimeDescription, DurationDescription y TemporalUnit. OWL-Time proporciona dos formas alternativas de representar puntos de tiempo TemporalDuration y xsd: dateTime.

- **Búsqueda de ontologías de dominio:**

  La búsqueda de ontologías de dominio, se basó en la especificación de requerimientos definidos en función a la metodología NeOn. Para tal propósito se utilizaron motores de búsqueda semántica como Watson[1], Semantic Web Search[2], Swoogle[3], ProtegeWiki[4]. En la siguiente tabla se relacionan el listado de ontologías por dominio

Tabla 4. Ontologías relacionadas con el dominio

Ontología	Organización	URL
Persona		
eBiquity Person	Universidad de Stanford, California	http://ebiquity.umbc.edu/ontology/person.owl
GUMO	Saarland University, Saarbrucken, Germany	www.gumo.org
Person	W3C org	https://www.w3.org/ns/person
FOAF	Dan Brickley and Libby Miller	http://xmlns.com/foaf/spec/
CoDAMoS	KU Leuven	https://distrinet.cs.kuleuven.be/projects/CoDAMoS/ontology/context.o

---

[1] http://watson.kmi.open.ac.uk/WatsonWUI/
[2] http://www.semanticwebsearch.com/query/
[3] http://swoogle.umbc.edu/2006/
[4] https://protegewiki.stanford.edu/wiki/Main_Page

		<u>wl</u>
Delivery Context	W3C	https://www.w3.org/TR/dcontology/
Dispositivo		
CoDAMoS	KU Leuven	https://distrinet.cs.kuleuven.be/projects/CoDAMoS/ontology/context.owl
Delivery Context	W3C	https://www.w3.org/TR/dcontology/
COBRA	Wang et at.	http://daml.umbc.edu/ontologies/cobra/0.4/personal-device
SOUPA	Chen et at.	http://ebiquity.umbc.edu/paper/html/id/165/The-SOUPA-Ontology-for-Pervasive-Computing
Ubicación		
CoDAMoS	KU Leuven	https://distrinet.cs.kuleuven.be/projects/CoDAMoS/ontology/context.owl
Delivery Context	W3C	https://www.w3.org/TR/dcontology/
COBRA	Wang et at.	http://daml.umbc.edu/ontologies/cobra/0.4/location
SOUPA	Chen et at.	http://ebiquity.umbc.edu/paper/html/id/165/The-SOUPA-Ontology-for-Pervasive-Computing

Geo OWL	W3C	https://www.w3.org/2005/Incubator/ geo/XGR-geo-ont-20071023/
Objetos de aprendizaje		
Universit y Ontology	Butler, 2004	http://simile.mit.edu/repository/ontol ogies/official/imsmd_educationalv1 p2.rdfs
SUMO	ALH	http://reliant.teknowledge.com/DAM L/SUMO.owl
LOM2O WL	Garcia et al., 2006	http://www.cc.uah.es/ie/ontologiaL OM2OWL/LOM2OWL.owl
Evento		
SOUPA	Chen et at.	http://ebiquity.umbc.edu/paper/html /id/165/The-SOUPA-Ontology-for- Pervasive-Computing
Event	Yves Raimond, Samer Abdallah	http://motools.sourceforge.net/even t/event.html
COBRA	Wang et at.	http://daml.umbc.edu/ontologies/co bra/0.4/time-basic

2.9.3. Comparación de ontologías

Luego de hacer la búsqueda de las ontologías por dominios, se aplicó los criterios de la metodología NeOn, para determinar cuáles usar y descartar, para tal propósito se realizaron las siguientes acciones:

-   Comprobación del alcance y propósitos de la ontología DERO con la ontología candidata

-   Analizar los términos en la ontología candidata si son similares con la ontología que se va a desarrollar (Gómez y Lozano, 2005)

     Calcular la precisión y ámbito de los términos de la ontología candidata a reutilizar con respecto a los términos incluidos en las preguntas de competencia definidas para la nueva ontología (DERO)

-   Analizar si la ontología candidata responde a las preguntas de competencia del documento de especificación de requisitos de la ontología

A continuación se describirá el análisis para cada uno de los subdominios de la red ontológica.

-   Subdominio Persona

Tabla 5, Valoración de ontologías para reutilización en el subdominio persona

Criterio	eBiquity Person	GUMO	Person	FOAF	CoDAMos	Delivery Context
Similitud en el alcance	No	Parcial	No	Si	Parcial	Si
Objetivo Similar	No	Parcial	No	Si	Parcial	No
Cobertura de	No	No	Parcial	Parcial	Parcial	No

requisitos no funcionales						
Cobertura de requisitos funcionales	Parcial	No	Parcial	Parcial	Parcial	Parcial

En la tabla 6 se muestran las ontologías candidatas para reutilizar en el subdominio persona. Las ontologías que más se acercan a documento de especificación de requisitos de la ontología son FOAF y CoDAMos.

- Subdominio dispositivo

  Tabla 6, Valoración de ontologías para reutilización en el subdominio dispositivo

Criterio	COBRA	SOUPA	CoDAMos	Delivery Context
Similitud en el alcance	Parcial	Parcial	Parcial	Si
Objetivo Similar	Parcial	Parcial	Parcial	No
Cobertura	Parcial	Parcial	No	No

de requisitos no funcionales				
Cobertura de requisitos funcionales	Parcial	No	No	Parcial

En la tabla 6, se puede apreciar que las ontologías candidatas que más se ajustan al DERO son COBRA y SOUPA.

- Subdominio ubicación

Tabla 7, Valoración de ontologías para reutilización en el subdominio ubicación

Criterio	COBRA	SOUPA	CoDAMos	Delivery Context	Geo OWL
Similitud en el alcance	Parcial	Parcial	Parcial	Si	Si
Objetivo Similar	Parcial	Parcial	Parcial	No	No
Cobertura de	Parcial	No	No	No	No

requisitos no funcionales					
Cobertura de requisitos funcionales	Parcial	No	Parcial	Parcial	Parcial

En la tabla 7, se puede apreciar que las ontologías que acercan al subdominio de ubicación son COBRA y CoDAMOS.

- Subdominio evento

Tabla 8, Valoración de ontologías para reutilización en el subdominio evento

Criterio	COBRA	SOUPA	Event
Similitud en el alcance	Parcial	Parcial	Parcial
Objetivo Similar	Parcial	No	No
Cobertura de requisitos no	Parcial	No	Parcial

funcionales			
Cobertura de requisitos funcionales	Parcial	No	No

En la tabla 8, se puede apreciar que las ontologías que acercan al subdominio de evento son COBRA y EVENT.

- Subdominio objetos de aprendizaje

Tabla 9, Valoración de ontologías para reutilización en el subdominio objetos de aprendizaje

Criterio	IMSPROJECT	SUMO	LOM2OWL
Similitud en el alcance	Parcial	Parcial	Parcial
Objetivo Similar	Parcial	Parcial	Parcial
Cobertura de requisitos no	No	No	Parcial

funcionales			
Cobertura de requisitos funcionales	Parcial	No	Parcial

En la tabla 9, se puede apreciar que las ontologías que acercan al subdominio de ubicación son IMSPROJECT y LOM2OWL.

2.9.4. Ontologías que se van a reusar en esta propuesta doctoral

Luego de comparar las diferentes ontologías, se escogieron dos ontologías candidatas por dominio específico. Las ontologías seleccionadas son:

a. Subdominio Persona

    i. FOAF

    ii. CODAMOS

b. Subdominio Dispositivo

    i. COBRA

    ii. SOUPA

c. Subdominio Ubicación

    i. COBRA

    ii. CODAMOS

d. Subdominio Evento

i. COBRA

ii. EVENT

e. Subdominio Objetos de Aprendizaje

i. IMSPROJECT

ii. LOM2OWL

El procedimiento para seleccionar a la ontología candidata por dominio se hace a partir del análisis propuesto por la metodología NeOn. El análisis consiste en un conjunto de criterios, divididos en cuatro categorías: a) costo de reutilización, b) esfuerzo de comprensibilidad, c) esfuerzo de integración y d) fiabilidad. Los criterios tienen unos pesos, con una asignación positiva (+) o negativa (-), la puntuación tiene un rango de 0 a 10. Esta puntuación de los pesos dependerá de la importancia que el grupo de desarrollo de la ontología le asigne a los criterios. Cada ontología candidata se le puede dar una valoración lingüística como: desconocido, bajo, medio y alto. La transformación de los valores lingüísticos obedece a la siguiente regla.

- Valor = Desconocido →Valor=0
- Valor = Bajo → Valor=1
- Valor = Medio → Valor=2
- Valor = Alto → Valor=3

Luego de asignar los valores numéricos de las ontologías candidatas en cada uno de los criterios, se realiza el cálculo de puntuación de las ontologías candidatas. La puntuación se obtiene haciendo el cálculo del peso promedio, para los criterios positivos y negativos, de acuerdo a las siguientes expresiones:

$$Puntación_{i(+)} = \sum_{j(+)} ValorT_{i,j} \, x \, \frac{Peso_j}{\sum_j Peso_j}$$ a) puntación con criterios positivos

$$Puntación_{i(-)} = \sum_{j(-)} ValorT_{i,j} \, x \, \frac{Peso_j}{\sum_j Peso_j}$$ b) puntación con criterios negativos

Donde

- i es una ontología candidata particular.
- $Puntuacion_{i(+)}$, corresponde a la ontología candidata 'i' para el conjunto de criterios con peso positivo
- $Puntuacion_{i(-)}$, corresponde a la ontología candidata 'i' para el conjunto de criterios con peso negativo
- j es un criterio particular, j(+) son los criterios con peso positivo y j(-) los criterios con peso negativo.
- ValorTi, es el valor numérico transformado para el criterio de j en la ontología i.
- Peso$j$ es el peso numérico asociado al criterio j.

La puntuación para obtener la ontología candidata se logra mediante la fórmula:

De acuerdo a lo anterior se realizará el cálculo de los diferentes subdominios. Para ejemplo se mostrara en la tabla xx, el cálculo del subdominio persona, con las ontologías candidatas FOAF y CoDAMos, como se aprecia en la tabla 10.

Tabla 10, Selección de ontologías para el subdominio Persona.

Criterio	Peso	Valores*	
		FOAF	CoDAMos
Costo de reutilización			
Costo económico del reúso	(-) 9	1	1
Tiempo requerido para reúso	(-) 7	1	1
Esfuerzo de compresión			
Calidad documentación	(+) 8	3	2
Disponibilidad de conocimiento externo	(+) 7	3	2
Claridad del código	(+) 8	3	3
Esfuerzo de integración			
Adecuación de extracción de conocimiento	(+) 9	2	1
Adecuación de convenciones de nombrado	(+) 5	3	2
Adecuación del lenguaje de implementación	(+) 7	3	2

Conflictos de conocimiento	(-) 7	2	2
Adaptación al razonador	(+) 7	3	2
Necesidad de términos puente	(-) 6	1	1
Confiabilidad			
Disponibilidad de pruebas	(+) 8	3	1
Soporte teórico	(+) 8	3	2
Reputación del equipo de desarrollo	(+) 8	3	3
Fiabilidad documentación	(+) 3	3	3
Apoyo práctico	(+) 7	3	2
Total		1,63	0,77

CAPITULO III: CONSTRUCCIÓN DE ONTOLOGÍAS OWL EN PROTEGÉ

3. Requerimientos

Descargar de la página oficial de Stanford

https://protege.stanford.edu/products.php#desktop-protege

También descargue graphviz-2.38-win32.msi; del siguiente enlace:

https://www2.graphviz.org/Packages/stable/windows/10/msbuild/Release/Win32/

CONSTRUCCIÓN DE ONTOLOGÍAS OWL EN PROTEGÉ

- Ejecutando Protegé

Una vez descargue y descomprima la carpeta de Protegé 5.5.0, ejecute el archivo Protege

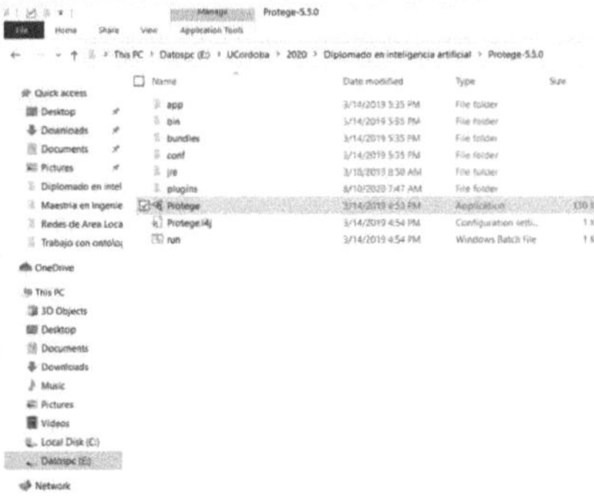

CONSTRUCCIÓN DE ONTOLOGÍAS OWL EN PROTEGÉ

Vaya a la opción reasoner, configure

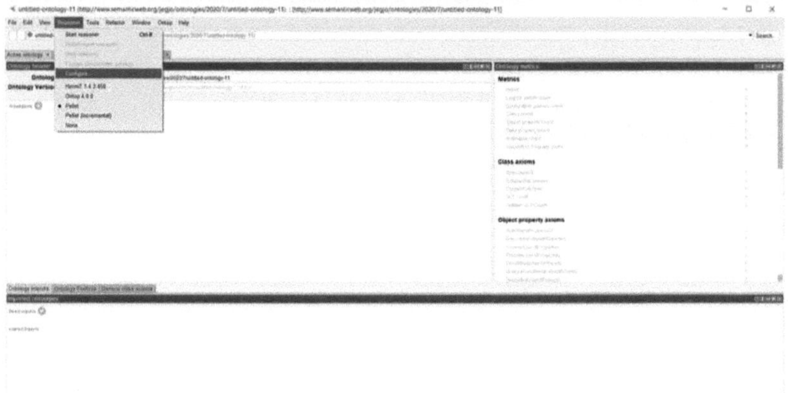

CONSTRUCCIÓN DE ONTOLOGÍAS OWL EN PROTEGÉ

Selecccione la pestaña OWLViz y ubique la ruta donde se instalo Graphviz2.38; por lo general queda instalado en esta ruta: C:\Program Files (x86)\Graphviz2.38\bin\dot.exe

Esta función permite visualizar la ontología (ver fig. 2)

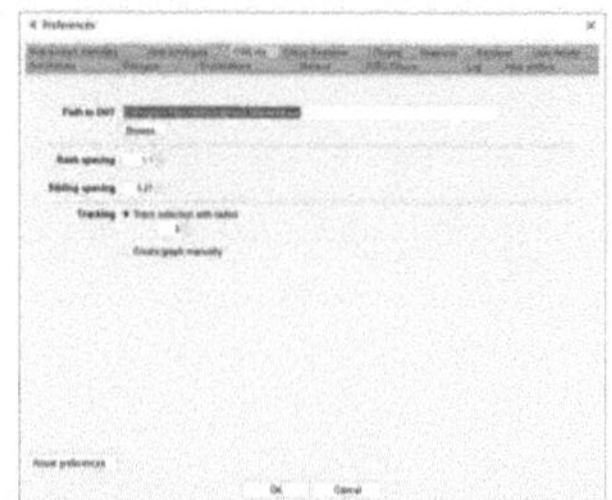

Fig. 1. Configuración Graphviz2.38

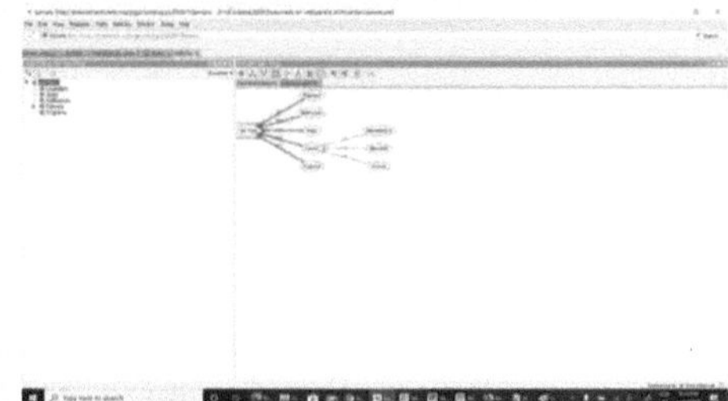

Fig. 2. Visualización Ontología

CONSTRUCCIÓN DE ONTOLOGÍAS OWL EN PROTEGÉ

En la opción Windows , Tabs

active: Classes, Object properties, Data properties, OWLViz

CONSTRUCCIÓN DE ONTOLOGÍAS OWL EN PROTEGÉ

Lo primero que hay que hacer al momento de crear la ontologías es asignar una IRI (Internationalized Resource Identifier)

Para este ejemplo asigne el siguiente IRI:

http://www.semanticweb.org/jegjo/ontologies/Myontology

CONSTRUCCIÓN DE ONTOLOGÍAS OWL EN PROTEGÉ

A continuación en el menú File Save as

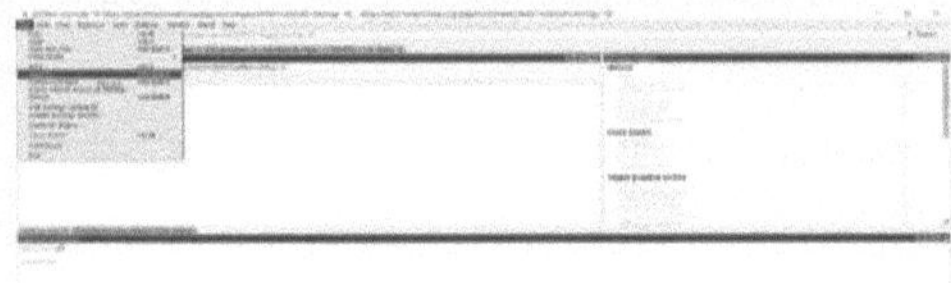

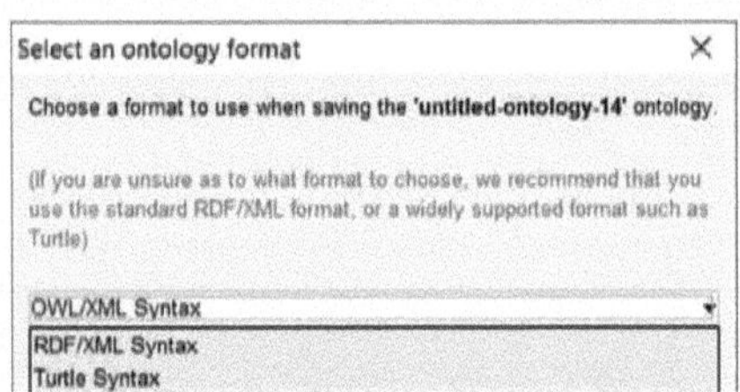

Seleccione la opción OWL/XML, Posteriormente haga clic en OK

CONSTRUCCIÓN DE ONTOLOGÍAS OWL EN PROTEGÉ

Representaremos el siguiente problema en una ontología llamada
University – Clases y Relaciones; Dominios y Rangos

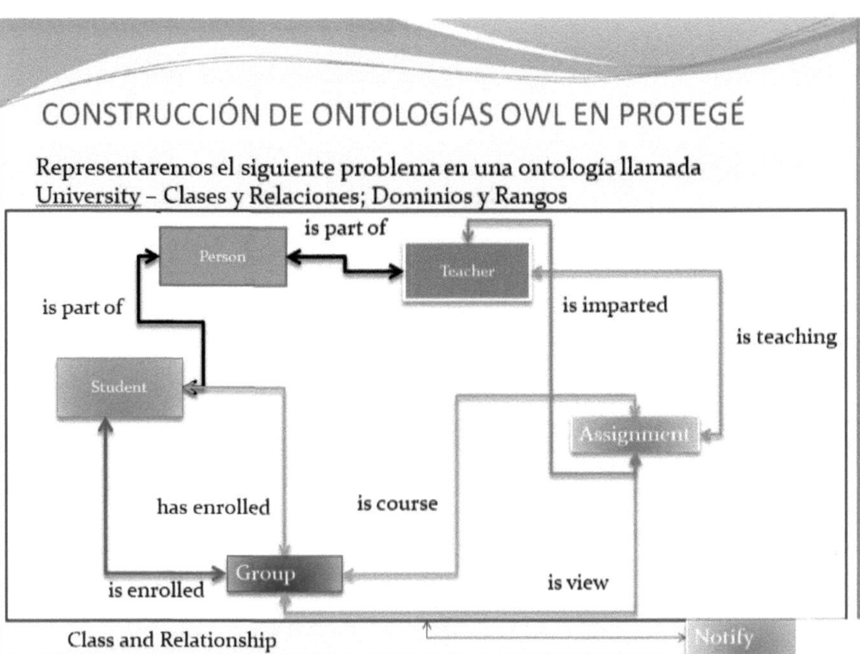

CONSTRUCCIÓN DE ONTOLOGÍAS OWL EN PROTEGÉ

Propiedades de las clases

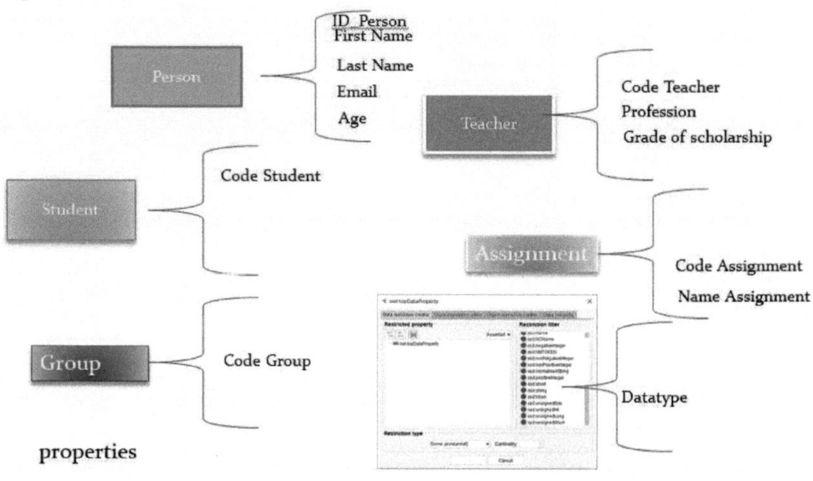

CONSTRUCCIÓN DE ONTOLOGÍAS OWL EN PROTEGÉ

- A continuación active las siguientes pestañas en la opción Windows, tabs: Active Ontology, Entities, Classes, Object Properties, Data Properties, Indivual by Class, OWLViz, DLQuery, Ontograph

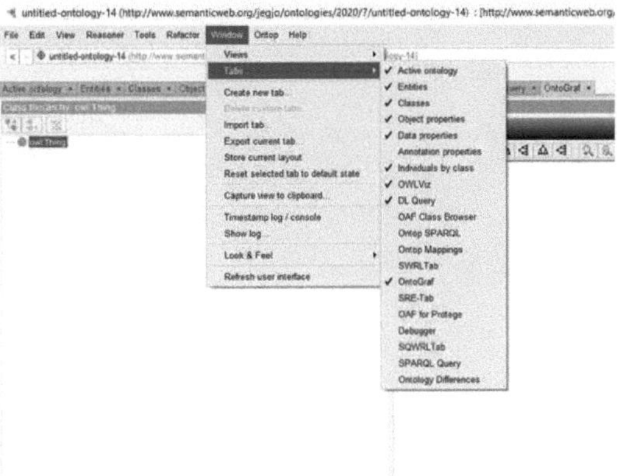

CONSTRUCCIÓN DE ONTOLOGÍAS OWL EN PROTEGÉ

- A continuación ubíquese en la pestaña Classes, para proceder a crear la ontología. Haga clic en el botón add subclass.

- Una vez haga clic en la opción add subclass, aparecera la caja de dialogo para crear la clase Person. Luego haga clic en OK

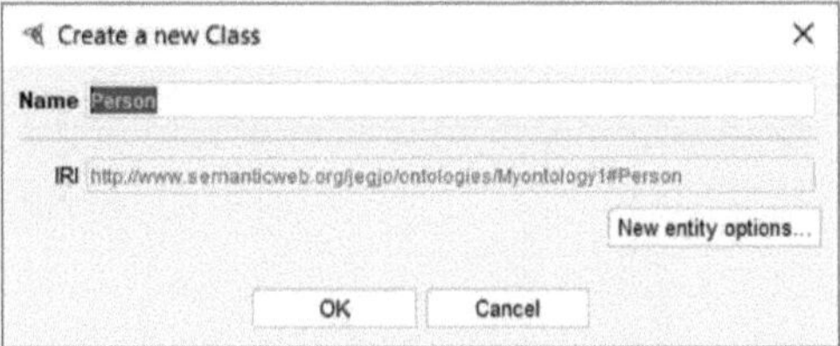

CONSTRUCCIÓN DE ONTOLOGÍAS OWL EN PROTEGÉ

- Se verá la primera clase creada

- Como se observa en la figura las clases Student y Teacher, son subclases de la clase Persona

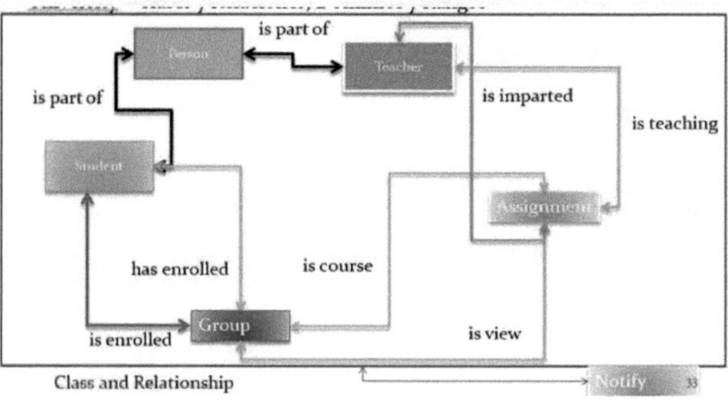

* Debajo de la clase Person, se creará las clases Student y Teacher, haciendo clic en add sub classes

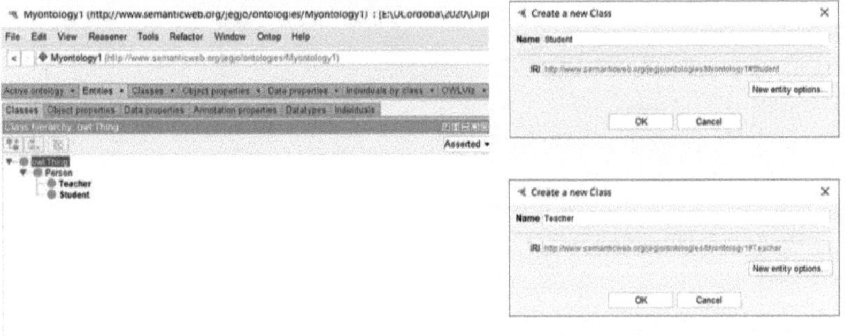

CONSTRUCCIÓN DE ONTOLOGÍAS OWL EN PROTEGÉ

- Debajo de la clase <u>owl:Thing</u>, crear las clases <u>Group</u>, Assignment y Notify

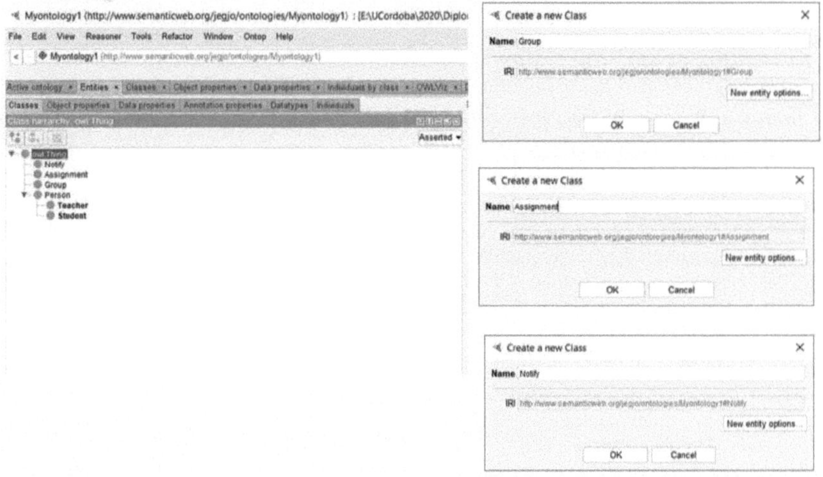

CONSTRUCCIÓN DE ONTOLOGÍAS OWL EN PROTEGÉ

- A continuación haga clic en la pestaña Object Properties, esto con el objeto de definir las relaciones entre las clases. Ubique el puntero del mouse en la opción owl:topObjectProperty. Luego haga clic en la opción add sub property

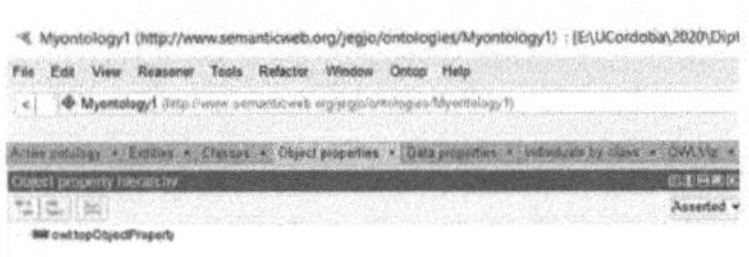 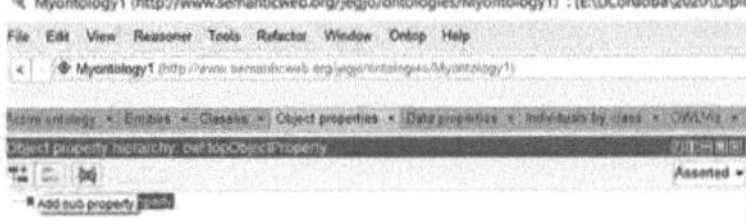

- Escriba el nombre de la propiedades: is_Enrrolled, has_Enrrolled, is_View, is_Course, is_Imparted, is_Teaching

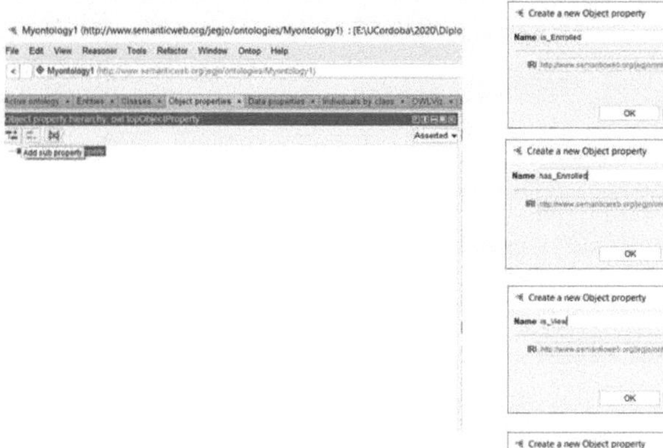

CONSTRUCCIÓN DE ONTOLOGÍAS OWL EN PROTEGÉ

- Haga clic en la opción Domain Intersection

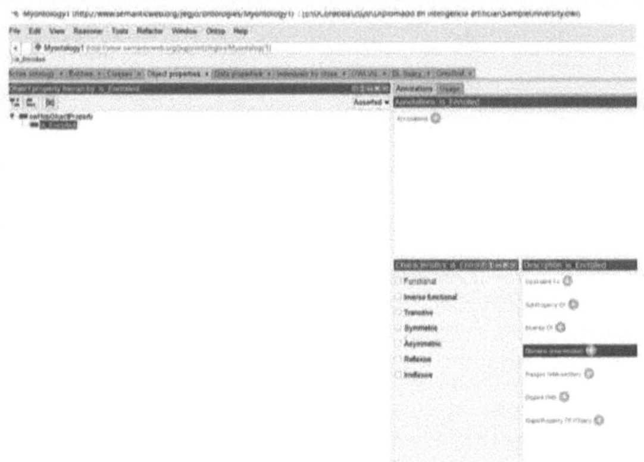

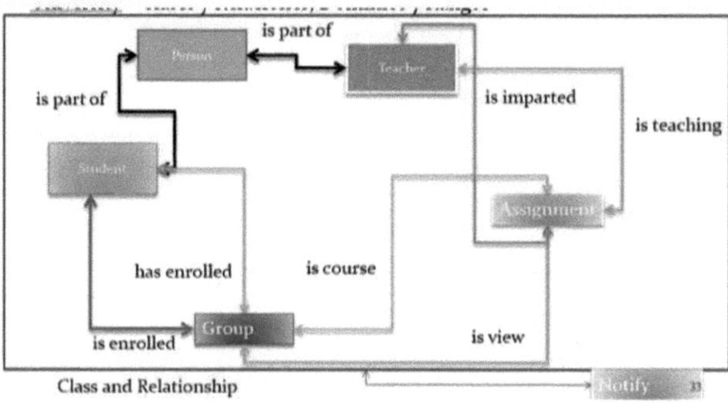

CONSTRUCCIÓN DE ONTOLOGÍAS OWL EN PROTEGÉ
Tome como referencia las relaciones (Propiedades), que se observan en la figura
is part of
Person
Teacher
is part of
is imparted
is teaching
Student
Assignment
has enrolled
is course
Group
is enrolled
is view
Class and Relationship
Notify
33

- Propiedades Inversas, por ejemplo la inversa de is_Enrolled es has_Enrolled, Clic en inverse Of y seleccione la propiedad que quiere asociar y haga clic en OK

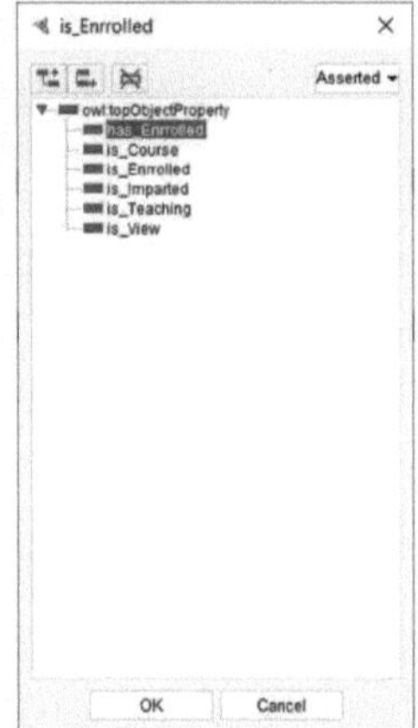

CONSTRUCCIÓN DE ONTOLOGÍAS OWL EN PROTEGÉ

- A Continuación se definirán los Data properties

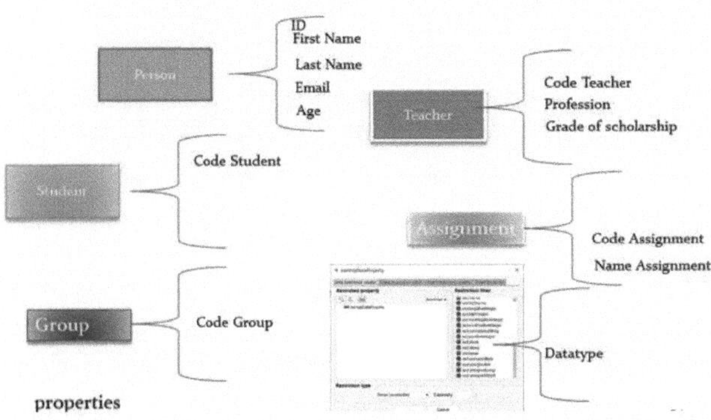

- Haga clic en la pestaña Data property, luego haga clic en owl:dataproperty, luego clic en la opción add sub property

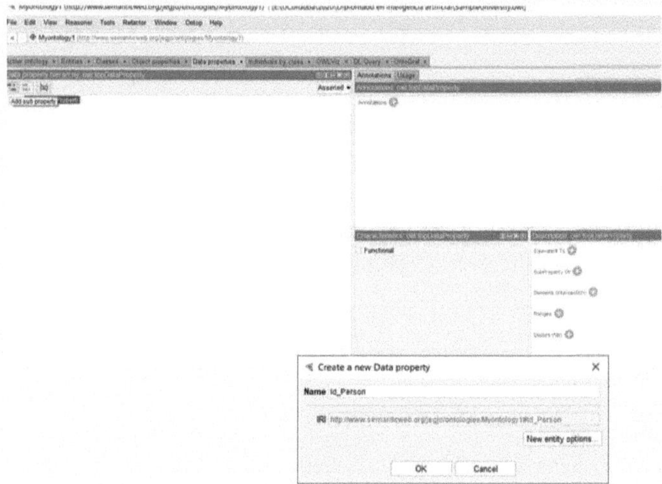

CONSTRUCCIÓN DE ONTOLOGÍAS OWL EN PROTEGÉ

- Luego escoja el tipo de datos que va a utilizar para representar. Haga clic en la opción Ranges, luego clic en la pestaña Build in datatypes y seleccione el tipo de dato. Luego haga clic en OK. Haga la misma operación con todos los datos.

CONSTRUCCIÓN DE ONTOLOGÍAS OWL EN PROTEGÉ

- Al final tendremos algo como esto

Ustedes pueden seleccionar el datatype

Se recomienda usar xsd:string, debido a que es más fácil parsear en los lenguajes de programación

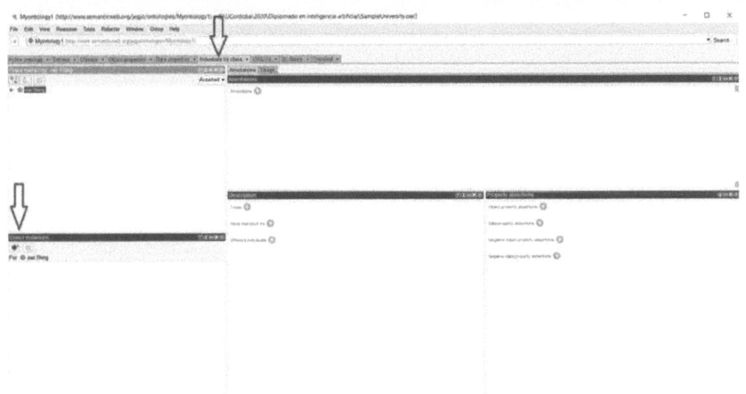

CONSTRUCCIÓN DE ONTOLOGÍAS OWL EN PROTEGÉ

A continuación haga clic en la pestaña Individuals by class, esto permitirá crear las instancias dependiendo de cada clase. Luego haga clic Direct instances

CONSTRUCCIÓN DE ONTOLOGÍAS OWL EN PROTEGÉ

- A se describirán en la tabla las instancias de las diferentes clases

  <u>Students</u>

Id_Student	First Name	Last Name	Age	Email
Std0001	Jorge	Perez	18	jperez@gmail.com
Std0002	Sebastian	Lopez	16	jlopez@gmail.com
Std0003	Carlos	Castillo	21	ccastillo@gmail.com
Std0004	Juan	Riquelme	22	jriquelme@gmail.com
Std0005	Adriana	Bustamante	19	abustamante@gmail.com
Std0006	Juan	Corrales	23	jcorrales@gmail.com
Std0007	Marcela	Berrio	20	mberrio@gmail.com
Std0008	Gabriel	Ochoa	18	gochoa@gmail.com
Std0009	Dayana	Rosse	22	drosse@gmail.com
Std0010	Cristian	Tafur	20	ctafur@gmail.com
Std0011	Alirio	Montalvo	21	amontalvo@gmail.com
Std0012	Marcos	Ferreira	23	mferreira@gmail.com

* A se describirán en la tabla las instancias de las diferentes clases

Teacher

Id_Student	First Name	Last Name	Age	Email
Teach0001	Velssy	Hernandez	50	vhernandez@gmail.com
Teach 0002	Pedro	Guevara	36	pguevara@gmail.com
Teach 0003	Samir	Castano	38	scastano@gmail.com
Teach 0004	Harold	Bula	51	jbula@gmail.com
Teach 0005	Daniel	Salas	52	dsalas@gmail.com

Group

Id_Group	Name	Location
Grp0001	GrpTelematica1	Bloque 43
Grp0002	GrpRedes Locales1	Bloque 43
Grp0003	GrpBases de Datos1	Bloque 16

Assignment

Id_Asignment	Name	Semester
Asg0001	Telematica	VII
Asg0002	Redes Locales	IX
Asg003	Bases de Datos	VI

CONSTRUCCIÓN DE ONTOLOGÍAS OWL EN PROTEGÉ

- A continuación haga clic en la pestaña Individuals by class, esto permitirá crear las instancias dependiendo de cada clase. Luego haga clic Direct instances

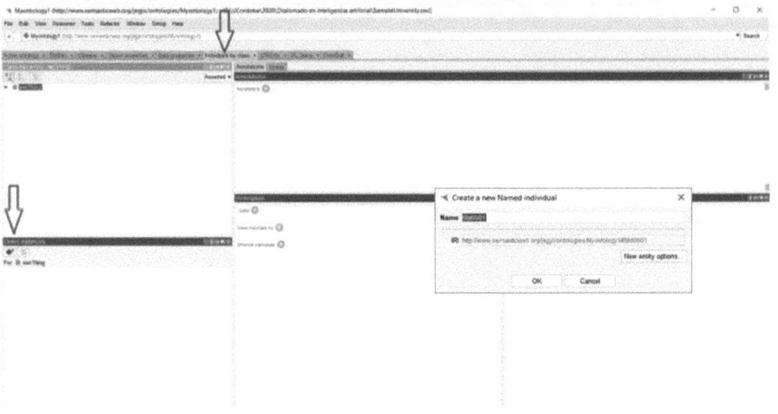

- Al final el listado de instancias debe verse así:

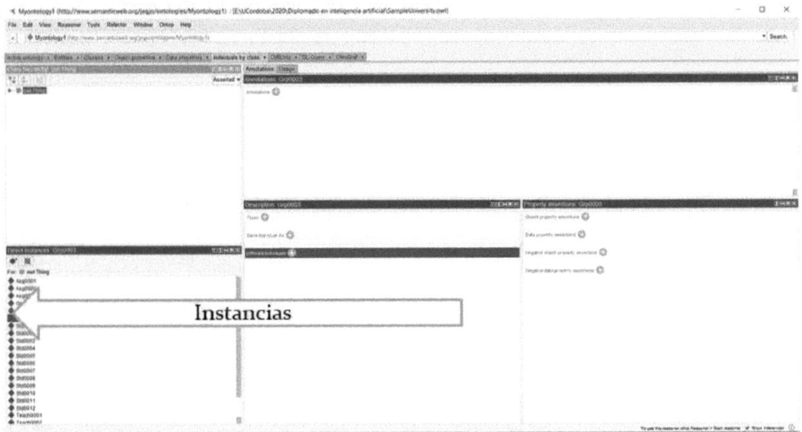

- A continuación llenamos la información de las distintas instancias, haciendo clic en la opción Data property assertions

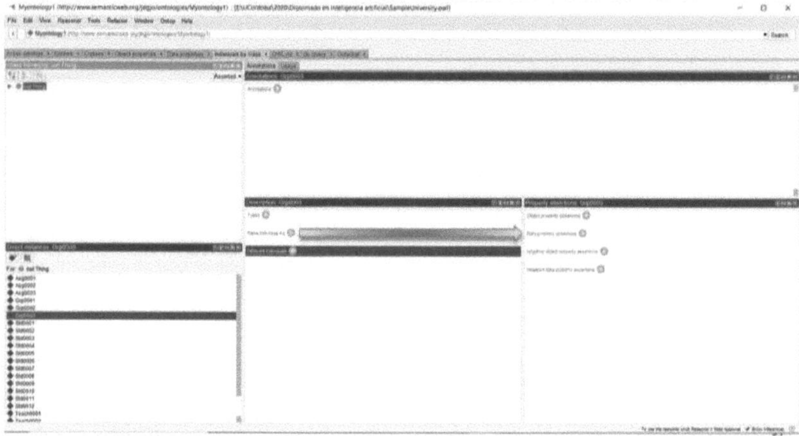

CONSTRUCCIÓN DE ONTOLOGÍAS OWL EN PROTEGÉ

- Se escoge la propiedad a la cual se quiere adicionar, en frente se le asigna el valor y en la opción Type seleccione la opción xsd:string, clic en OK

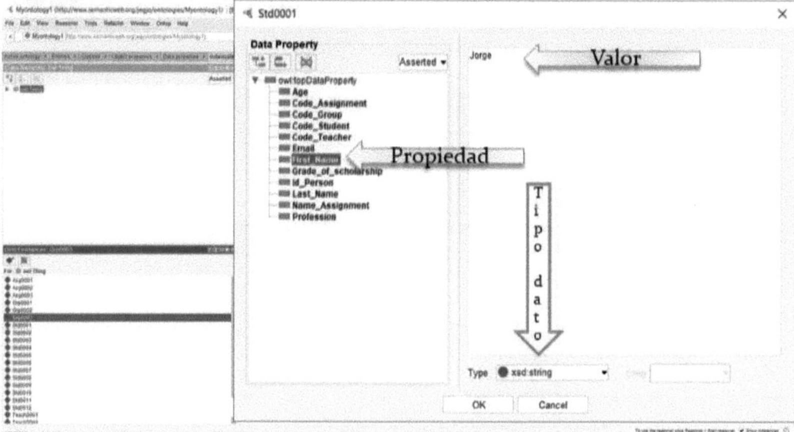

CONSTRUCCIÓN DE ONTOLOGÍAS OWL EN PROTEGÉ

* En la figura se observan los datos correspondiente para la instancia Stdo001 con sus respectivos datos. Este mismo procedimiento se repite para todas las instancias.

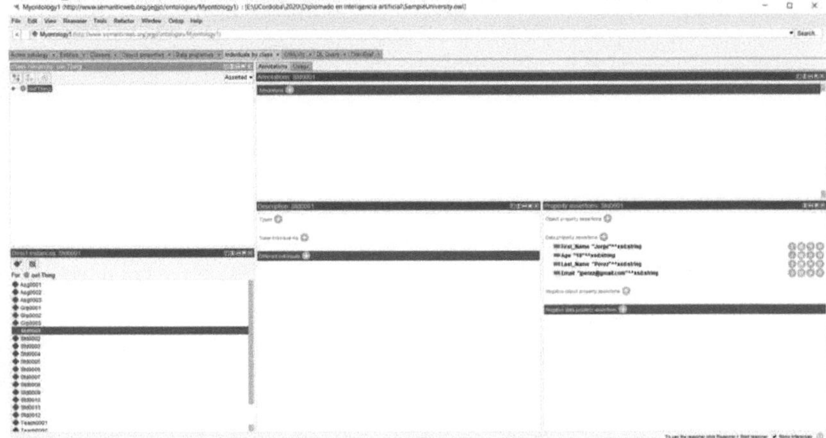

CONSTRUCCIÓN DE ONTOLOGÍAS OWL EN PROTEGÉ

- En la tabla siguiente se asignarán los estudiantes a un grupo. De esta forma se establece la relación directa entre Student y Group, en este caso la relación (Object Property) se llamará is_Enrolled y su inversa has_Enrrolled

Id_Student	First Name	Last Name	Age	Email	Group
Std0001	Jorge	Perez	18	jperez@gmail.com	Grp0001
Std0002	Sebastian	Lopez	16	jlopez@gmail.com	Grp0001
Std0003	Carlos	Castillo	21	ccastillo@gmail.com	Grp0001
Std0004	Juan	Riquelme	22	Jriquelme@gmail.com	Grp0001
Std0005	Adriana	Bustamante	19	abustamante@gmail.com	Grp0001
Std0006	Juan	Corrales	23	jcorrales@gmail.com	Grp0002
Std0007	Marcela	Berrio	20	mberrio@gmail.com	Grp0002
Std0008	Gabriel	Ochoa	18	gochoa@gmail.com	Grp0002
Std0009	Dayana	Rosse	22	drosse@gmail.com	Grp0002
Std0010	Cristian	Tafur	20	ctafur@gmail.com	Grp0003
Std0011	Alirio	Montalvo	21	cmontalvo@gmail.com	Grp0003
Std0012	Marcos	Ferreira	23	mferreira@gmail.com	Grp0003

CONSTRUCCIÓN DE ONTOLOGÍAS OWL EN PROTEGÉ

- A continuación se asociaran las relaciones entre las instancias de las diferentes clases.

Relaciones entre estudiante y grupo. Haga clic en Object property assertions.

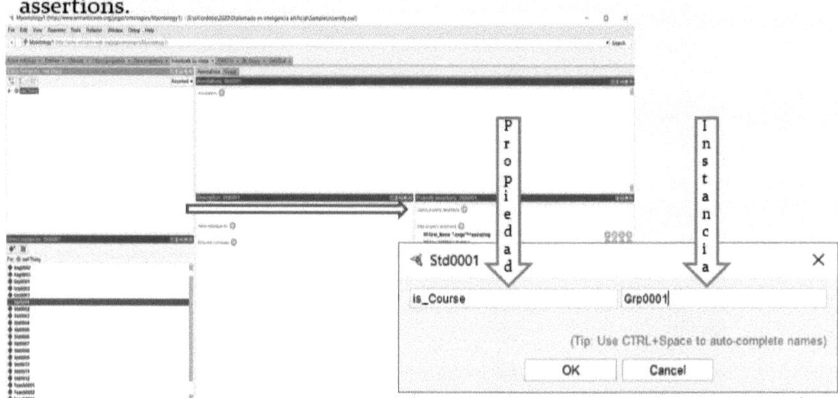

CONSTRUCCIÓN DE ONTOLOGÍAS OWL EN PROTEGÉ

- Este mismo procedimiento se repite para todas las instancias y las propiedades Student

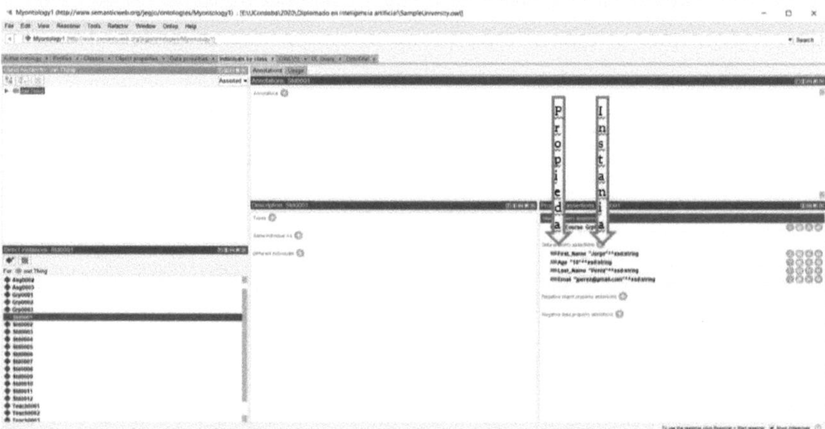

- En la tabla siguiente se asignarán los docentes a un grupo. De esta forma se establece la relación directa entre Teacher y Asignment, en este caso la relación (Object Property) se llamará is_Imparte y su inversa is_Teaching

Teacher

Id_Teacher	First Name	Last Name	Age	Email	Asignment
Teach0001	Velssy	Hernandez	50	vhernandez@gmail.com	Asg0001
Teach 0002	Pedro	Guevara	36	pguevara@gmail.com	Asg0002
Teach 0003	Samir	Castano	38	scastano@gmail.com	Asg0003
Teach 0004	Harold	Bula	51	jbula@gmail.com	Asg0001
Teach 0005	Daniel	Salas	52	dsalas@gmail.com	Asg0002

- Este mismo procedimiento se repite para todas las instancias y las propiedades de Teacher

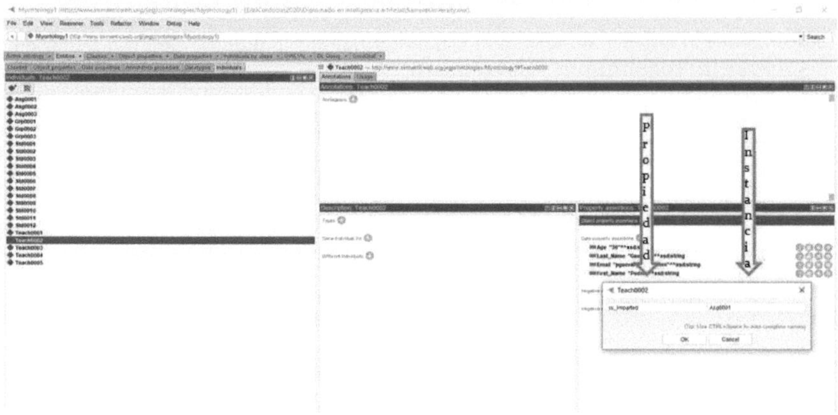

- Este mismo procedimiento se repite para todas las instancias y las propiedades de Teacher

CONSTRUCCIÓN DE ONTOLOGÍAS OWL EN PROTEGÉ

- En la tabla siguiente se asignarán los docentes a un grupo. De esta forma se establece la relación directa entre Group y Asignment, en este caso la relación (Object Property) se llamará is_Course y su inversa is_View

Group

Id_Group	Name	Location	Id_Asignment
Grp0001	GrpTelematica1	Bloque 43	Asg0001
Grp0002	GrpRedes Locales1	Bloque 43	Asg0002
Grp0003	GrpBases de Datos1	Bloque 16	Asg0003

CONSTRUCCIÓN DE ONTOLOGÍAS OWL EN PROTEGÉ

- Este mismo procedimiento se repite para todas las instancias y las propiedades de Group

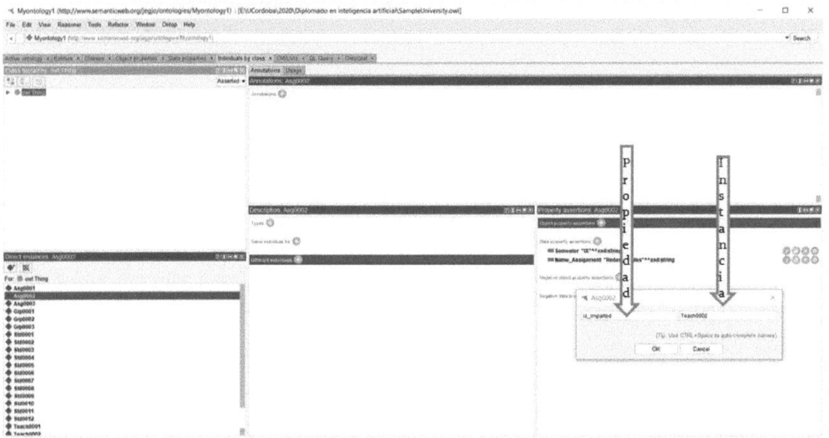

CONSTRUCCIÓN DE ONTOLOGÍAS OWL EN PROTEGÉ

* **En la figura se observa la relación entre asignatura y grupo**

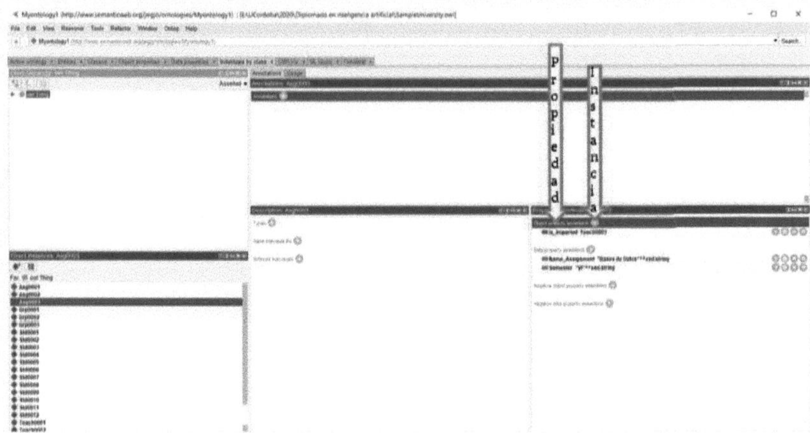

CONSTRUCCIÓN DE ONTOLOGÍAS OWL EN PROTEGÉ

- A continuación haga clic en la pestaña <u>ontograf</u>. Esto permitirá visualizar la ontología con las clases y sus respectivas relaciones

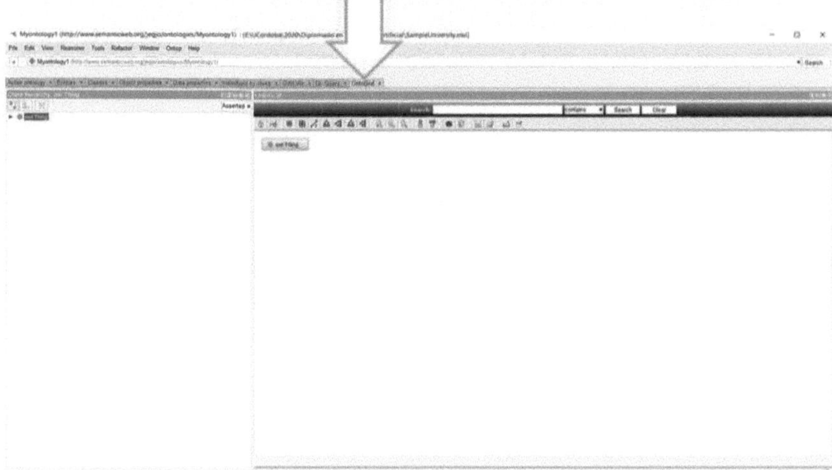

CONSTRUCCIÓN DE ONTOLOGÍAS OWL EN PROTEGÉ

- A continuación haga doble clic en la opción owl:thing que se encuentra señalado con la flecha

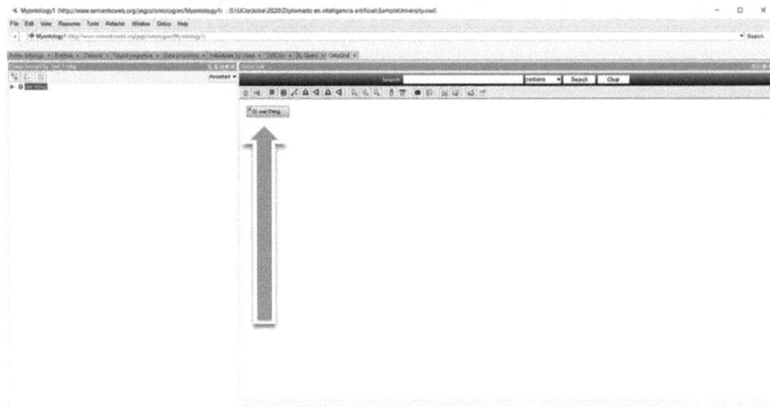

CONSTRUCCIÓN DE ONTOLOGÍAS OWL EN PROTEGÉ

- Aparecen en Ontograf, las clase principal owl:thing y las subclases que se definieron para el problema en cuestión.

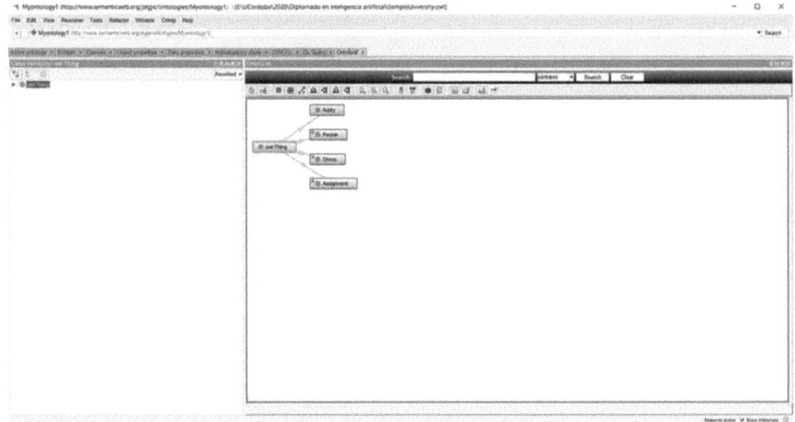

CONSTRUCCIÓN DE ONTOLOGÍAS OWL EN PROTEGÉ

- Aparecen en <u>Ontograf</u>, las clase principal <u>owl:thing</u> y las subclases que se definieron para el problema en cuestión. Note que las clases Persona, Group y <u>Assignment</u> tienen un signo +, haga clic encima de cada uno de ellas. Primero empiece con la clase persona.

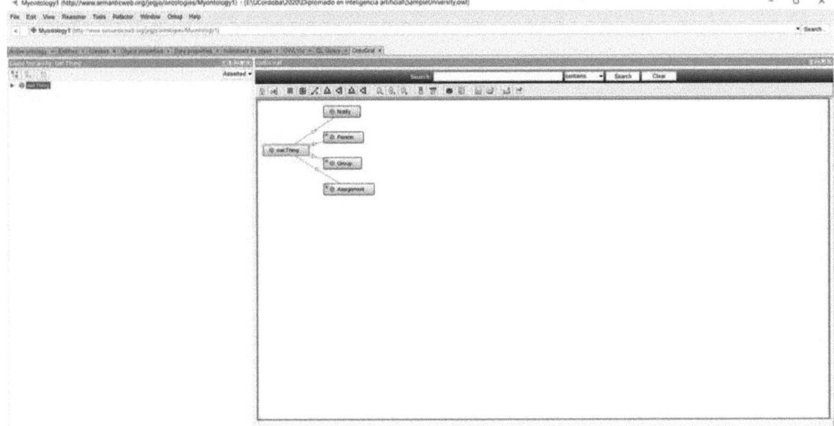

- De la clase persona se derivan las subclases Student y Teacher. Haga clic en el singo + en la clase Student.

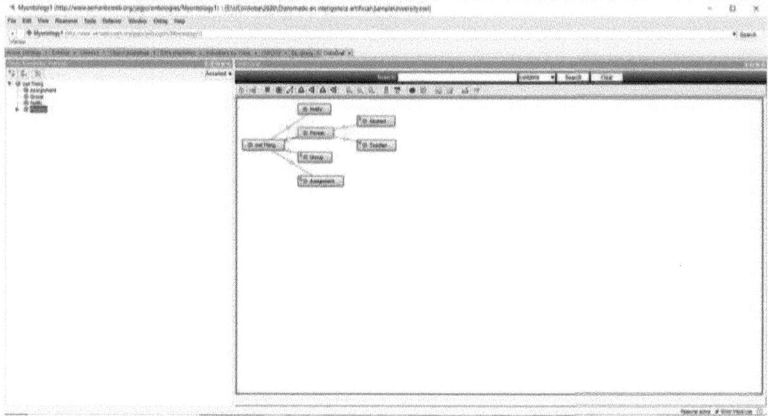

CONSTRUCCIÓN DE ONTOLOGÍAS OWL EN PROTEGÉ

- Como se puede observar en la figura se despliegan las instancias de la clases persona junto con las relaciones entre Student y Group. Si señala con el puntero del mouse las flechas que comunican a Student y Group, se visualizan las relaciones is_Enrolled y has_Enrolled.

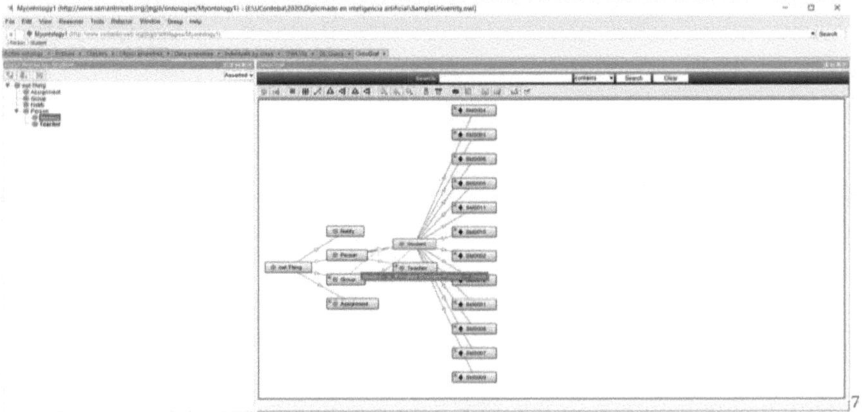

CONSTRUCCIÓN DE ONTOLOGÍAS OWL EN PROTEGÉ

- A continuación arrastre la clase Teacher hacia la parte derecha en un lugar despejado y haga doble clic en el signo +, debe aparecer las relaciones y la instancias de esta clase. Repita este mismo procedimiento para las clases Group y Assignment.

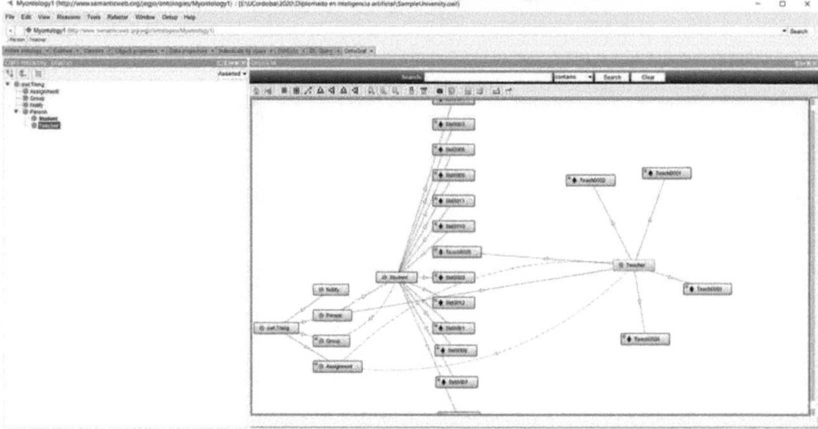

CONSTRUCCIÓN DE ONTOLOGÍAS OWL EN PROTEGÉ

- A continuación haga clic en la pestana Classes., luego vaya al menú Windows, view, Ontologyview, Rules. Ubique la opción en la parte señala por la flecha

CONSTRUCCIÓN DE ONTOLOGÍAS OWL EN PROTEGÉ

- A continuación crearemos la siguiente regla:

- Group(?grupo), is_Enrolled(?est, Grpooo1), Student(?est) ->
Notify(?est)

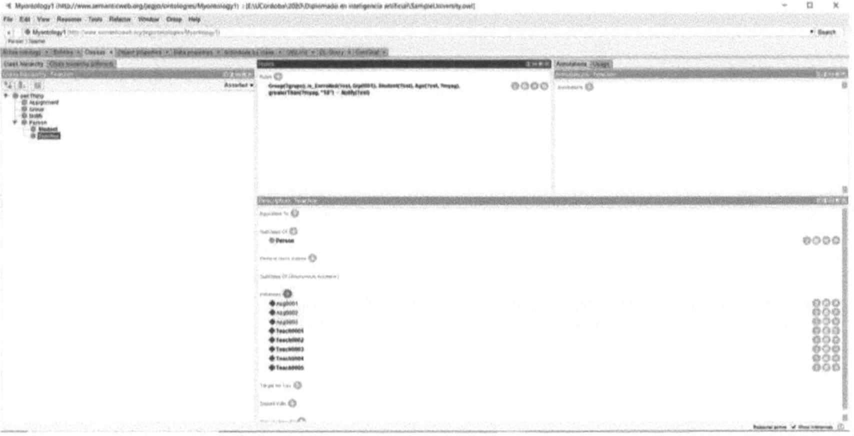

CONSTRUCCIÓN DE ONTOLOGÍAS OWL EN PROTEGÉ

* A continuación haga clic en el menú reasoner, Synchronize reasoner, luego haga clic en la parte izquierda en la clase Notify. La flecha señala las instancias que cumplen con esa regla

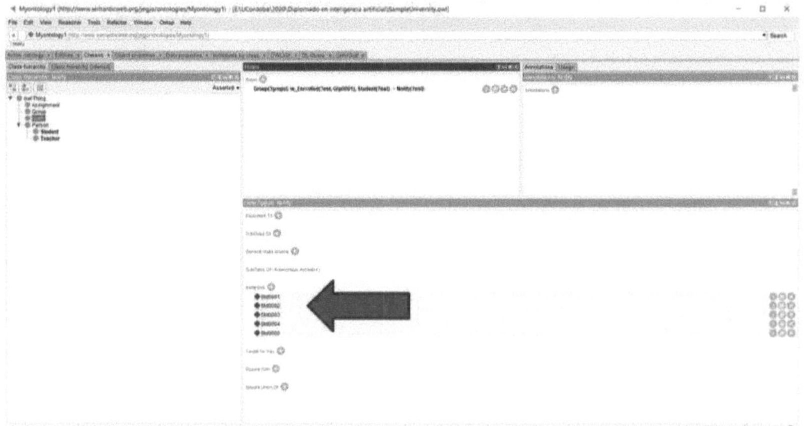

CAPITULO IV: PROGRAMANDO ONTOLOGÍAS EN JAVA Y APACHE JENA

Apache Jena es un framework de Java gratuito y de código abierto para crear aplicaciones web semánticas y de datos vinculados. El framework está compuesto por diferentes API que interactúan juntas para procesar datos RDF. En la figura 1 se puede apreciar la arquitectura de framework.

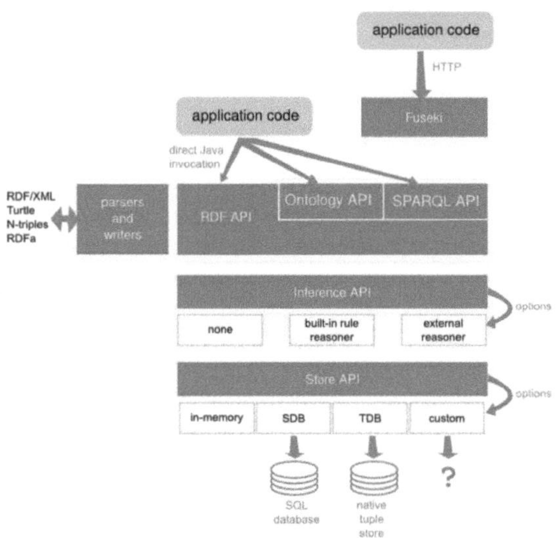

Figura   1.   Arquitectura   framework   Apache   Jena   (fuente https://jena.apache.org/getting_started/index.html)

En la figura 2. Se aprecia la arquitectura de la pila de protocolo de semantic Web

Semantic Web Stack

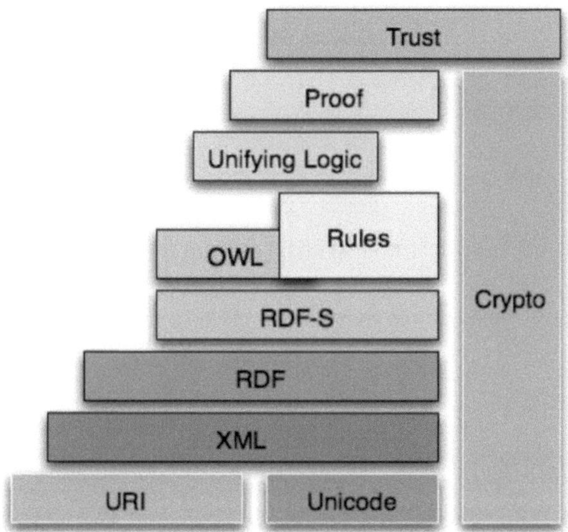

Figura 2. pila de protocolo de semantic web

(RuleML)

• Es un esfuerzo para estandarizar las reglas de inferencia.

• RuleML es un lenguaje de marcado para publicar y compartir bases de reglas en todo

el mundo

Web.

• La atención se centra en la interoperación de reglas entre estándares de la industria.

• RuleML crea una jerarquía de reglas

subidiomas en XML, RDF y OWL, por ejemplo, SWRL.

¿Qué es SWRL?

• SWRL es un acrónimo de Semantic Web Rule.

• SWRL pretende ser el lenguaje de reglas de la Web semántica.

• SWRL incluye una sintaxis abstracta de alto nivel para Reglas de cuernos.

• Todas las reglas se expresan en términos de OWL conceptos (clases, propiedades, individuos).

Características SWRL

• Presentación del W3C en 2004:

http://www.w3.org/Submission/SWRL/

• Reglas guardadas como parte de la ontología

• Mayor soporte de herramientas: Bossam, R2ML, Hoolet, Pellet, KAON2, RacerPro, SWRLTab

• Puede trabajar con razonadores.

Ejemplo de reglas en SWRL

Rule: Grupo(?grupo), tiene_Matriculados(Grp01, ?est), Estudiante(?est)-> Notificacion(?est)

Rule: Grupo(?grupo), tiene_Matriculados(Grp01, ?est), Estudiante(?est), hasAge(?est, ?edad), greaterThan(?edad, 18) -> Notificacion(?est)

Rule: Group(?grupo), is_Enrrolled(?est, Grp0001), Student(?est), Age(?est, ?xage), greaterThan(?xage, "15") -> Notify(?est)

Rule: Group(?grupo), is_Enrrolled(?est, Grp0001), Student(?est), is_A_Student(?est, ?grd), Grading(Gra00001), has_Grading(?grd, ?assg), Assignment(?assg) -> Notify(?est)

Lenguaje de consulta SPARQL para RDF

RDF es un formato de datos de gráficos etiquetados y dirigidos para representar información en la Web. RDF se utiliza a menudo para representar, entre otras cosas, información personal, redes sociales, metadatos sobre artefactos digitales, así como para proporcionar un medio de integración sobre fuentes de información dispares. Esta especificación define la sintaxis y la semántica del lenguaje de consulta SPARQL para RDF.

Ejemplo de consultas

```
PREFIX owl: <http://www.w3.org/2002/07/owl#>

 PREFIX rdf: <http://www.w3.org/1999/02/22-rdf-syntax-ns#>

        PREFIX rdfs: <http://www.w3.org/2000/01/rdf-schema#>

        PREFIX                                        ROSCC:

<http://www.semanticweb.org/jegjo/ontologies/Myontology1#>

        SELECT ?first_name ?last_name ?age


        WHERE {

            ?Student ROSCC:First_Name ?first_name.

            ?Student ROSCC:Last_Name ?last_name.

        ?Student ROSCC:Age ?age.

            }

        Orderby ?first_name
```

4.1. Desarrollo de consultas de una ontología en Netbeans

Primero descargue la siguiente información de los enlaces:

1. Netbeans

   https://www.apache.org/dyn/closer.cgi/netbeans/netbeans/12.1/Apache-NetBeans-12.1-bin-windows-x64.exe

2. En la carpeta compartida descargará el archivo SampleUniversity4.OWL y descargue la carpeta completa de lib

https://drive.google.com/drive/u/1/folders/1uwloGBVNHJR5ea2_bxPcCH678QbvMc-a

Una vez instalado Netbeans 8.2 siga las siguientes instrucciones:

Pasos:

1. Ejecute Netbeans
2. Tal como se aprecia en la figura 3, haga clic en el menú File -> New Projet

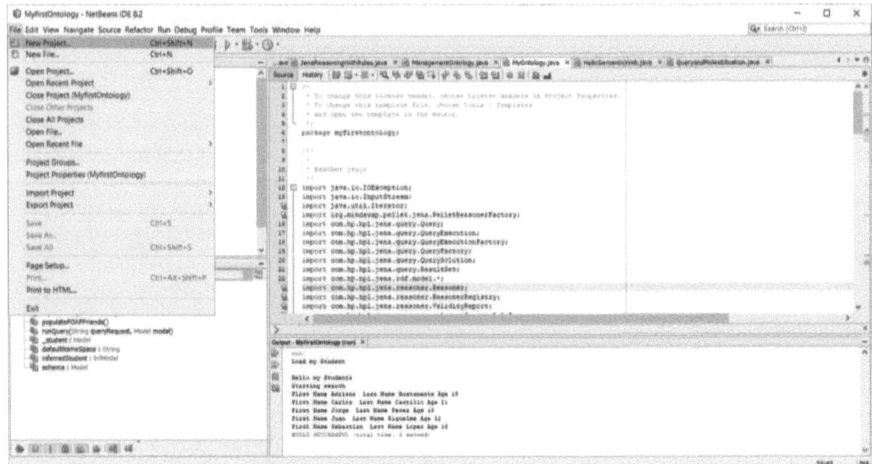

Figura 3. Creación de proyecto en Netbeans

3. Escoja la opción Java -> Java Application, como se aprecia en la figura 4

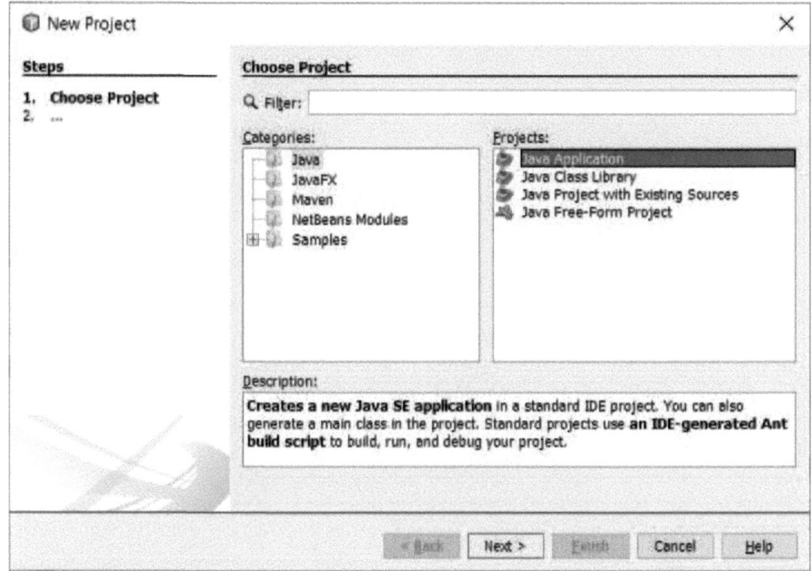

Figura 4. Creación de proyecto en Netbeans, selección tipo de aplicación

4. Escriba en Project Name: Firstontology, ver figura 5.

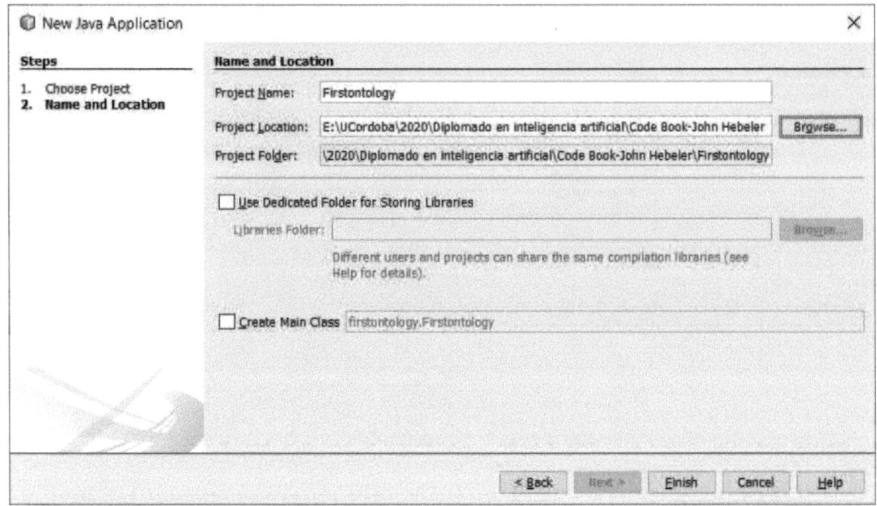

Figura 5. Definición del nombre del proyecto

5. Seleccione la carpeta destino donde almacenará el proyecto, ver figura 6 y 7.

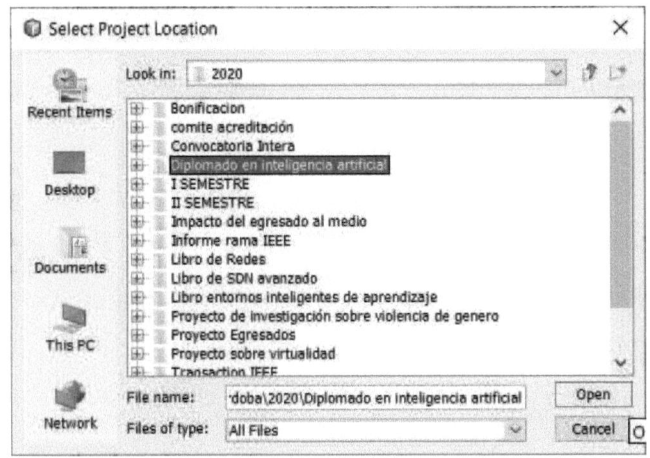

Figura 6. Ubicación para guardar el proyecto

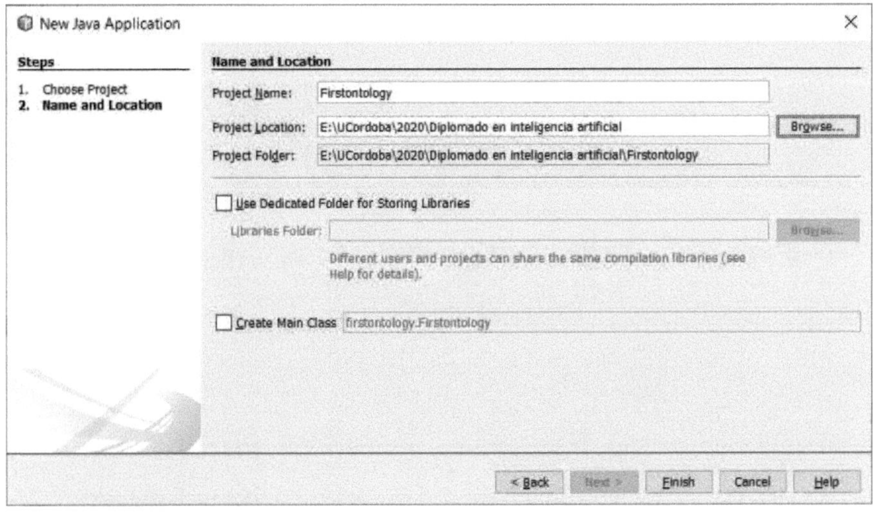

Figura 7. Ubicación para guardar el proyecto

6. Una vez creado el proyecto, haga clic con el botón derecho en Source Package -
> New -> Java Package, ver figura 8.

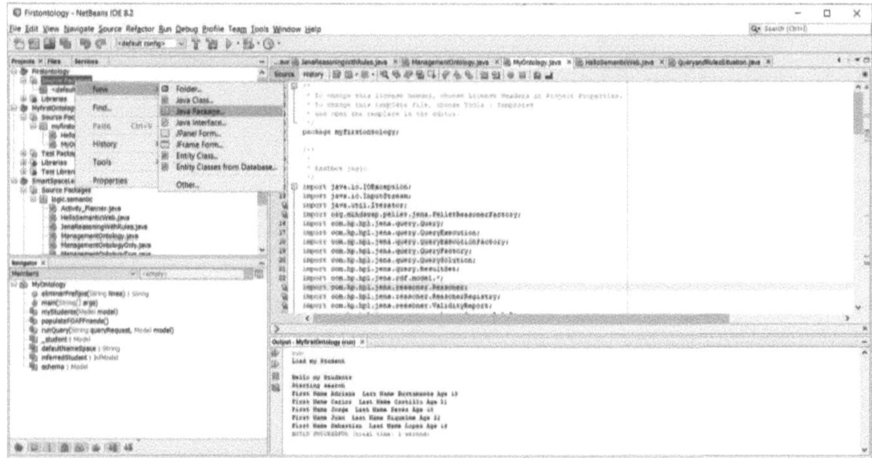

Figura 8. Creación del paquete

7. En Package Name escriba com.logic, luego en Finish, ver figura 9

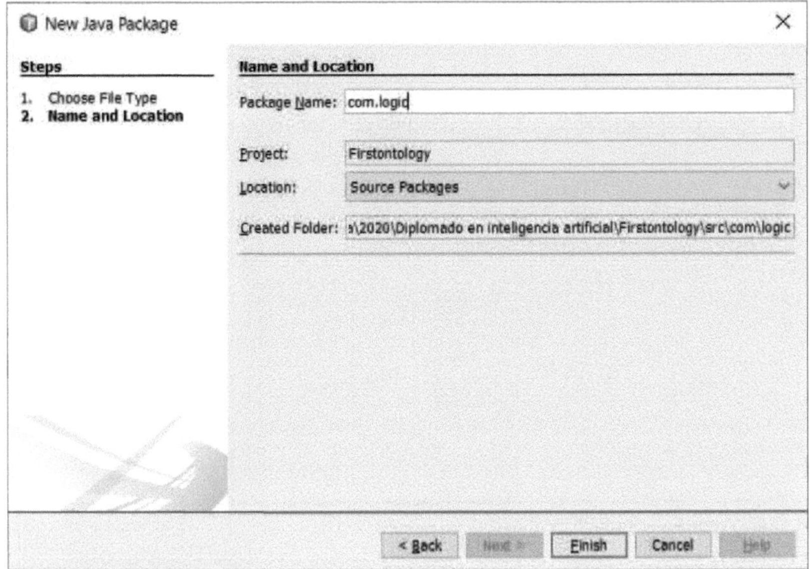

Figura 9. Nombre del paquete

8. Ubiquese en el paquete com.logic y haga clic con el botón derecho en New ->

Java Class, ver figura 10.

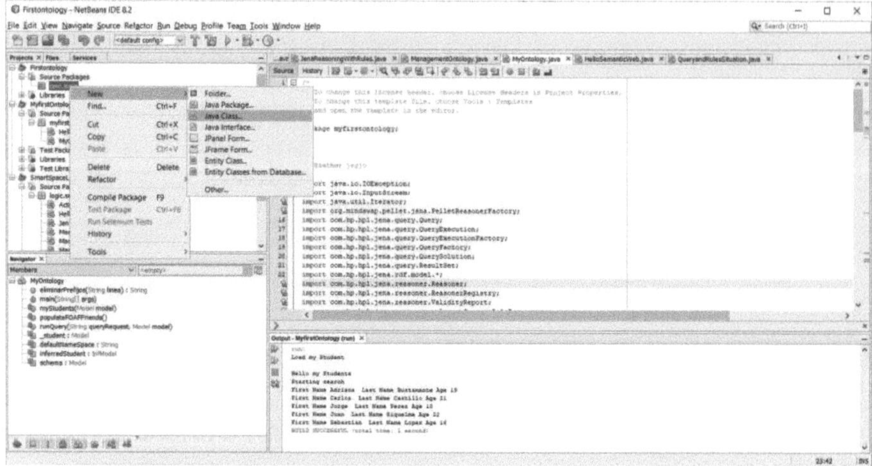

Figura 10. Creación de una nueva clase

9. En Class Name: escriba Searchontology, clic en Finish, ver figura 11.

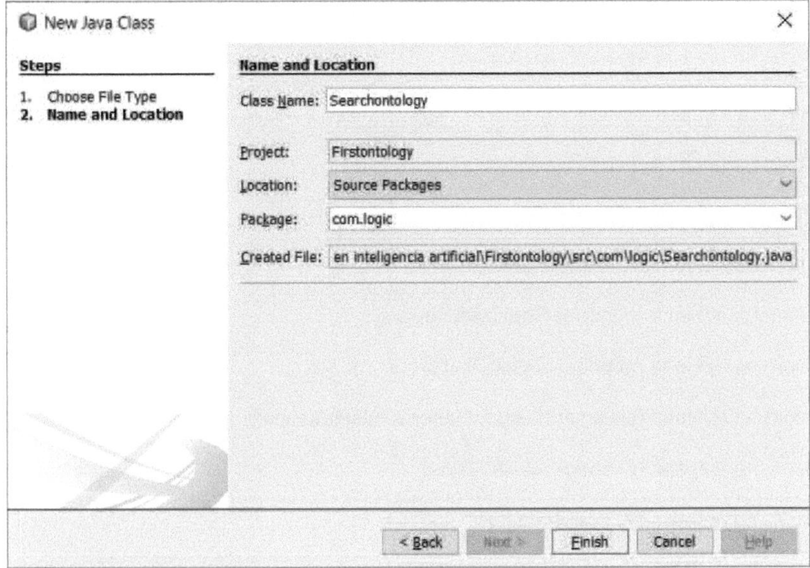

Figura 11. Nombre de la clase.

10. A continuación copie y pegue el siguiente código debajo de la cabecera Package com.logic, como se aprecia en la figura 12.

```
import java.io.IOException;

import java.io.InputStream;

import java.util.Iterator;

import org.mindswap.pellet.jena.PelletReasonerFactory;

import com.hp.hpl.jena.query.Query;

import com.hp.hpl.jena.query.QueryExecution;
```

```java
import com.hp.hpl.jena.query.QueryExecutionFactory;

import com.hp.hpl.jena.query.QueryFactory;

import com.hp.hpl.jena.query.QuerySolution;

import com.hp.hpl.jena.query.ResultSet;

import com.hp.hpl.jena.rdf.model.*;

import com.hp.hpl.jena.reasoner.Reasoner;

import com.hp.hpl.jena.reasoner.ReasonerRegistry;

import com.hp.hpl.jena.reasoner.ValidityReport;

import com.hp.hpl.jena.reasoner.rulesys.GenericRuleReasoner;

import com.hp.hpl.jena.reasoner.rulesys.Rule;

import com.hp.hpl.jena.util.FileManager;
```

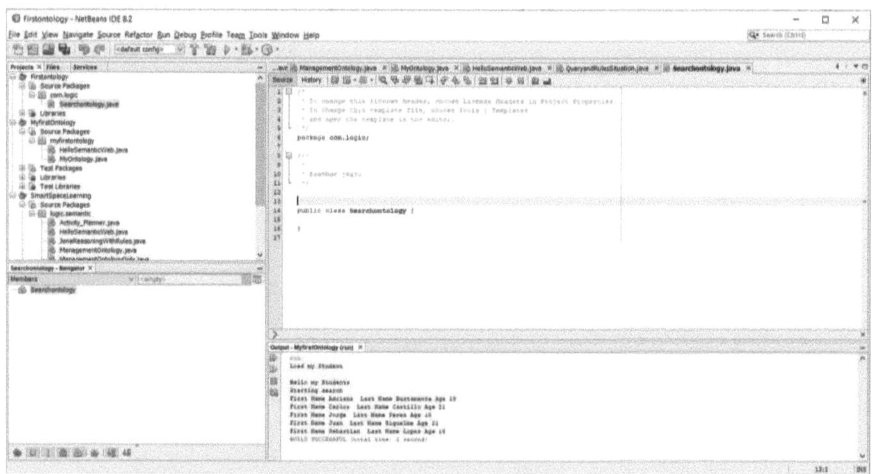

11. Una vez pegado el código, le aparecerá una lista de errores con las librerías. Estas librerías de Apache Jena son utilizadas para interactuar con las ontologías. Para corregir estos errores de las librerías. Los errores son resaltados en la figura 13.

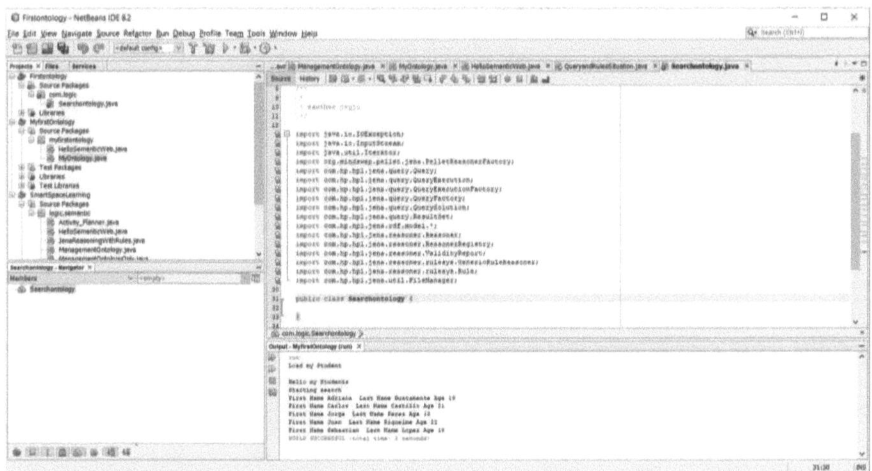

Figura 13. Error en librerías.

12. A continuación para resolver el problema con las librerías, haga clic con el botón derecho encima del proyecto Firstontology en la opción Properties, ver figura 14.

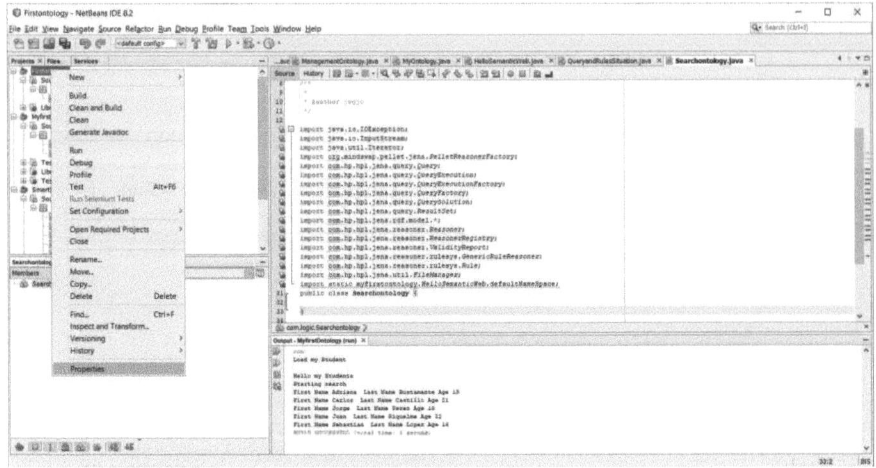

Figura 14. Definición de propiedades para asignar librerías

13. Ubiquese en la sección Libraries , luego haga clic en add JAR/Folder. Ver figura

15.

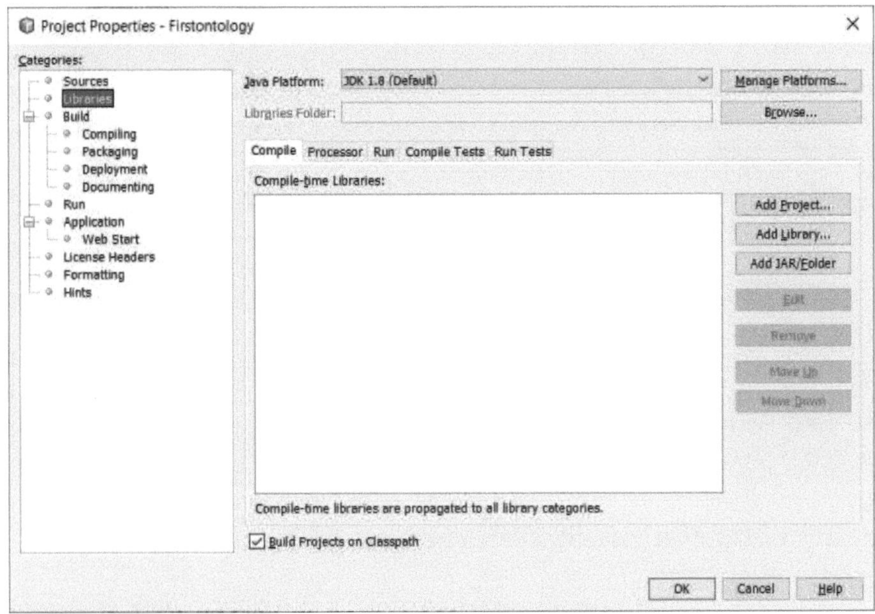

Figura 15. Selección de librerías

14. A continuación ubique la carpeta lib que descargo inicialmente, haga doble clic encima de ella y seleccione todas las librerías tal y como se aprecian en las figuras 16 y 17, luego haga clic en Open.

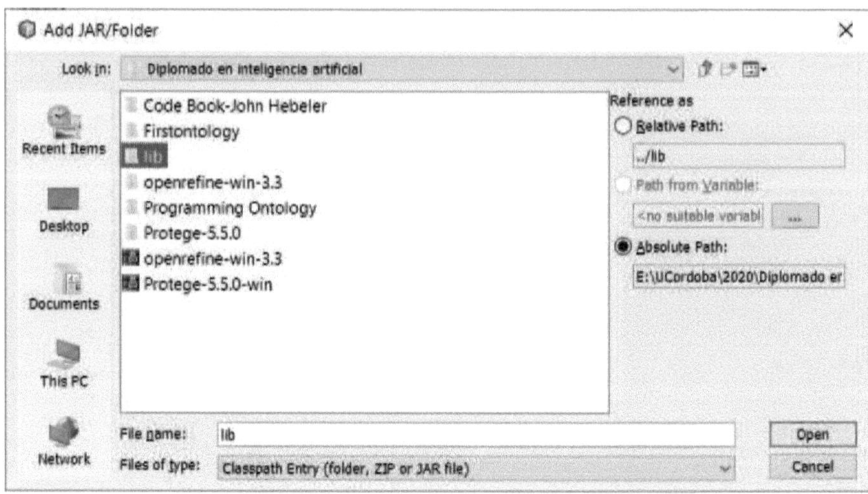

Figura 16. Identificación de la carpeta que contiene las librerías.

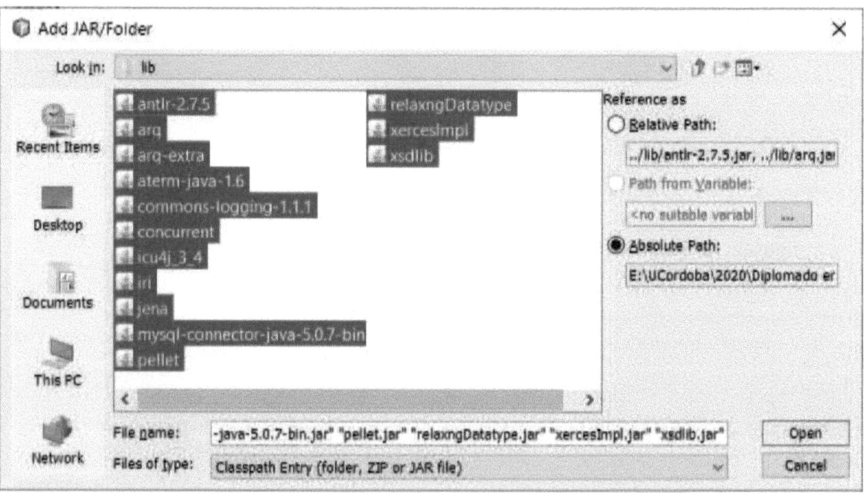

Figura 17. Selección de librerías.

15. Después de haber seleccionado las librerías haga clic en OK, esto resolverá los errores de las librerías. Ver figura 18.

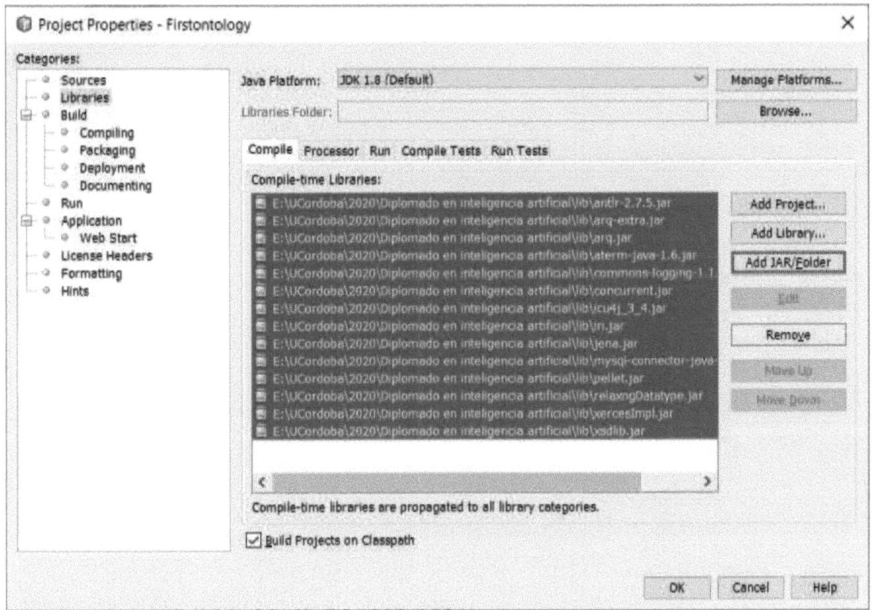

Figura 18. Adicionando librerías.

16. A continuación haga clic con el boton derecho encima del proyecto Firstontology. Clic en New -> Java Folder. Ver figura 19.

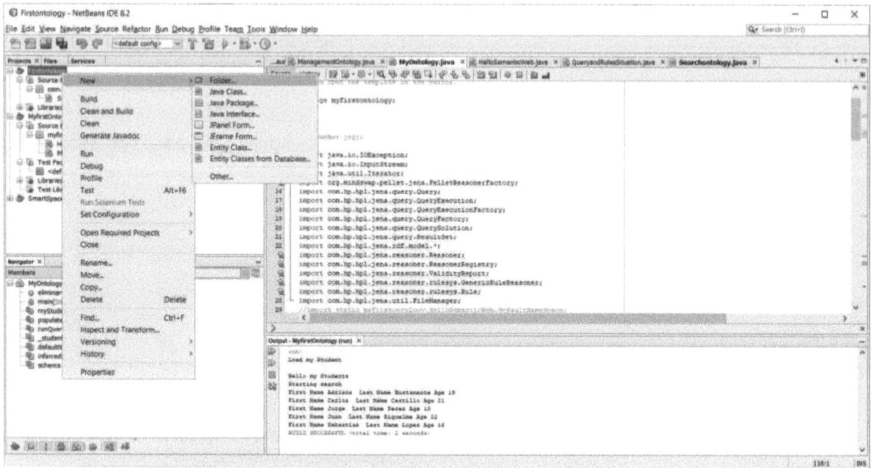

Figura 19. Creación de carpeta para el proyecto.

17. En Folder Name Name: escriban Ontologies, luego clic en Finish. Ver figura 20.

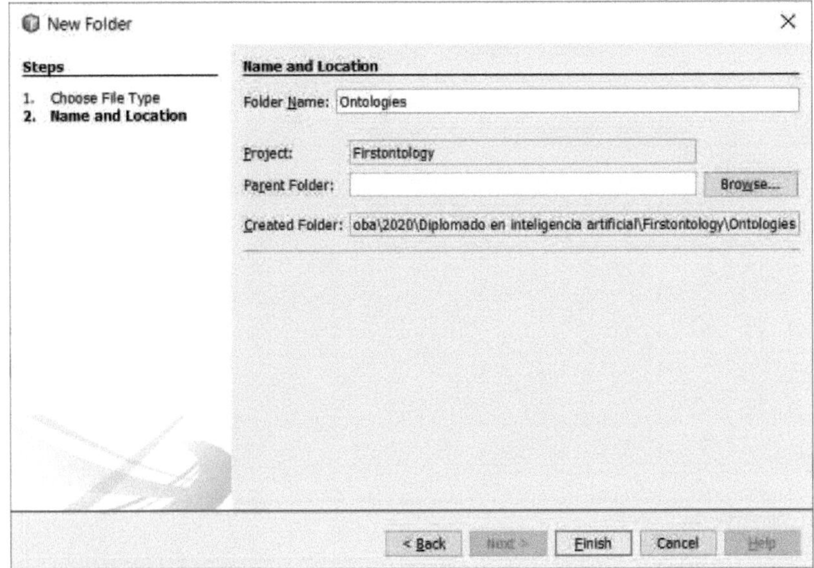

Figura 20. Nombre del proyecto

18. A continuación busque la ruta donde guardo el proyecto, ver figura 21.

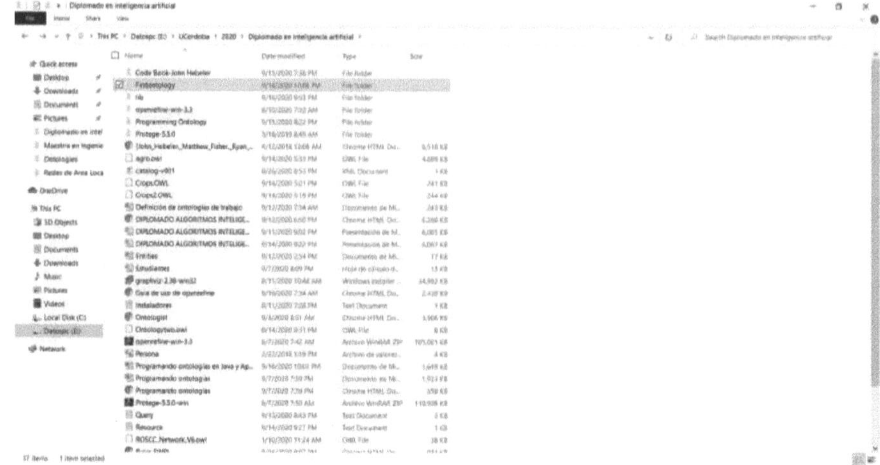

Figura 21. Ubicación del proyecto

19. Haga doble clic sobre la carpeta Firstontology. Ver figura 22.

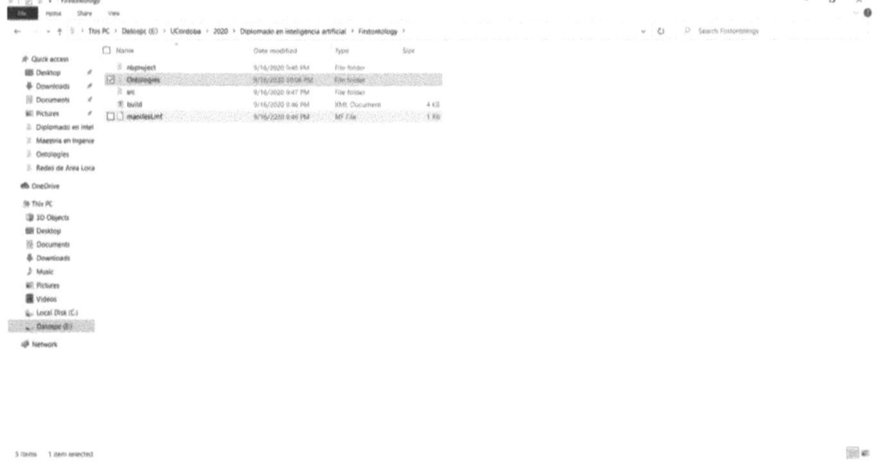

Figura 22. Carpeta donde se cargará la ontología

20. Doble clic en la carpeta Ontologies, una vez dentro de esta carpeta copie el archivo SampleUniversity4.OWL que descargo del recurso al inicio de esta práctica. Ver figura 23.

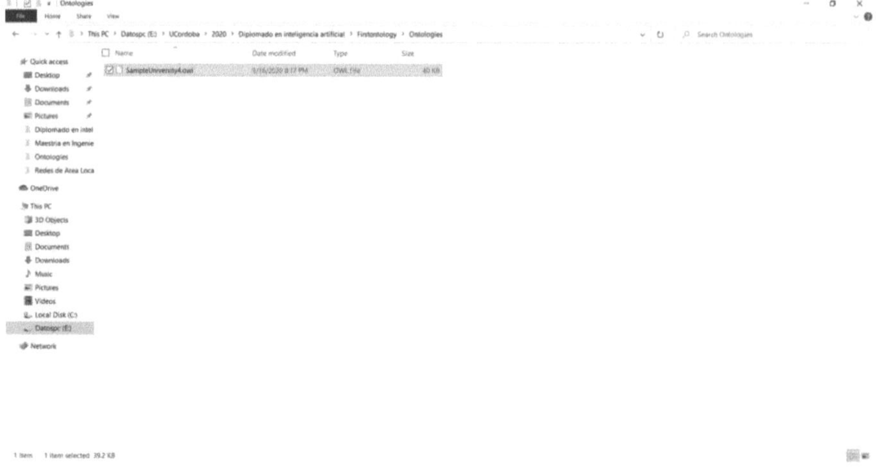

Figura 23. Carpeta que contiene la ontología

21. continuación seleccione el código que se encuentra a bajo lo copia y pega en la sección

public class Searchontology {

```
static             String             defaultNameSpace             =
"http://www.semanticweb.org/jegjo/ontologies/Myontology1#";


    Model _student = null;

    Model schema = null;

    InfModel inferredStudent = null;
```

```java
public static void main(String[] args) throws IOException {


        Searchontology myontology = new Searchontology();


        //Load my Students

        System.out.println("Load my Student");

        myontology.populateFOAFFriends();




        // List my student

        System.out.println("\nHello my Students");

        myontology.myStudents(myontology._student);


    }
    private void populateFOAFFriends(){

        _student = ModelFactory.createOntologyModel();

        InputStream                          inFoafInstance                =
FileManager.get().open("Ontologies/SampleUniversity4.owl");

        _student.read(inFoafInstance,defaultNameSpace);

        //inFoafInstance.close();
```

```java
    }

private void myStudents(Model model){

        //listing students

        runQuery("SELECT ?first_name ?last_name ?age ?name_group\n" +
"       WHERE {\n" +
"         ?Student ROSCC:First_Name ?first_name. \n" +
"          ?Student ROSCC:is_Enrrolled ROSCC:Grp0001.\n" +
"          ?Student ROSCC:Last_Name ?last_name.\n" +
"          ?Student ROSCC:Age ?age.} \n" +
"         Orderby ?first_name ", model);  //add the query string


        }

private void runQuery(String queryRequest, Model model){


        StringBuffer queryStr = new StringBuffer();

        // Establish Prefixes

        //Set default Name space first

        queryStr.append("PREFIX
ROSCC:<http://www.semanticweb.org/jegjo/ontologies/Myontology1#>");

        queryStr.append("PREFIX owl: <http://www.w3.org/2002/07/owl#>\n") ;

        queryStr.append("PREFIX  rdf" + ": <" + "http://www.w3.org/1999/02/22-rdf-
syntax-ns#" + "> ");
```

```java
        queryStr.append("PREFIX rdfs" + ": <" + "http://www.w3.org/2000/01/rdf-
schema#" + "> ");

        queryStr.append("PREFIX foaf" + ": <" + "http://xmlns.com/foaf/0.1/" + ">
");

        //Now add query

        queryStr.append(queryRequest);

        Query query = QueryFactory.create(queryStr.toString());

        QueryExecution qexec = QueryExecutionFactory.create(query, model);

        try {

        ResultSet response = qexec.execSelect();

          System.out.println("Starting search");

        while( response.hasNext()){

                QuerySolution soln = response.nextSolution();

                RDFNode firstname = soln.get("?first_name");

                RDFNode lastname = soln.get("?last_name");

            RDFNode age = soln.get("?age");
```

```java
                if( (firstname != null) && (lastname != null) && (age != null)){

                        System.out.println( "First Name " + firstname.toString() +" "+
" Last Name " + lastname.toString()+" Age " + age.toString());

                        }

                        else

                                System.out.println("No student found!");

                        }

                } finally { qexec.close();}

                }


public String eliminarPrefijos (String linea){

    linea=linea.replace("http://www.semanticweb.org/jegjo/ontologies/Myontology1#",
"");


    return linea;

    }
```

22. A continuación haga clic con el botón derecho en el archivo Searchontology, clic en Run File. Ver figura 24.

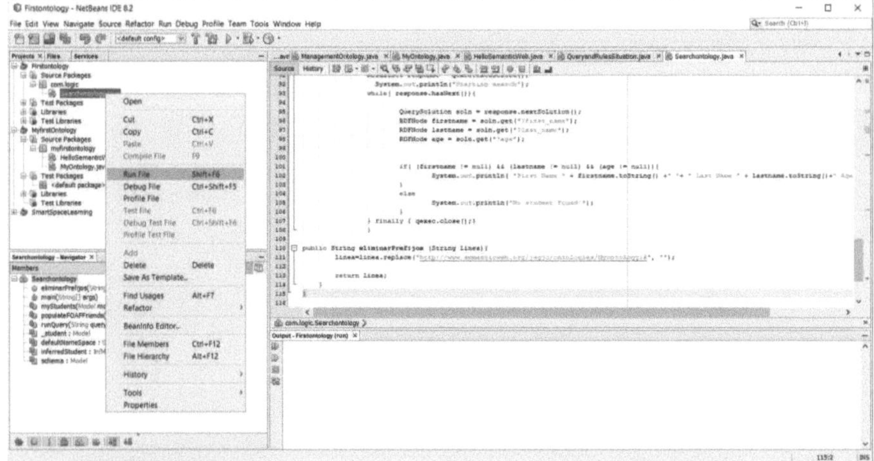

Figura 24. Ejecución de la clase.

23. Finalmente en la parte inferior de la pantalla observará los resultados de la consulta. Ver figura 25.

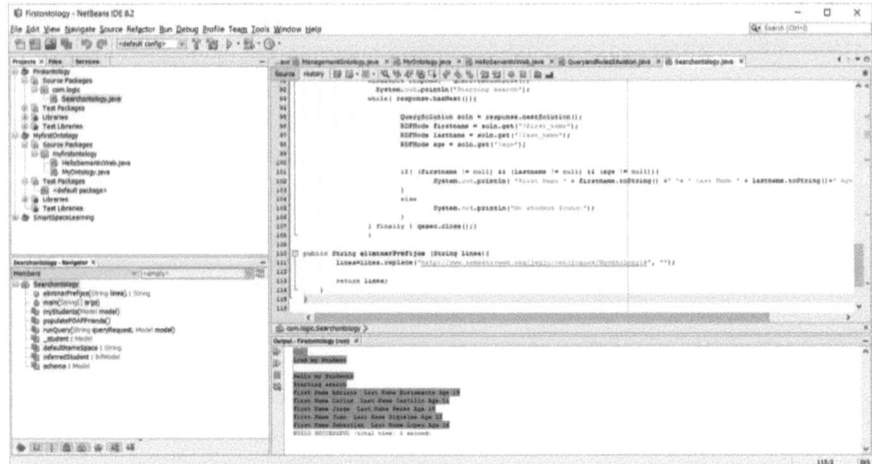

Figura 25. Resultados de la consulta

Explicación del Código

En la figura 26, se puede apreciar las relaciones de las distintas clases

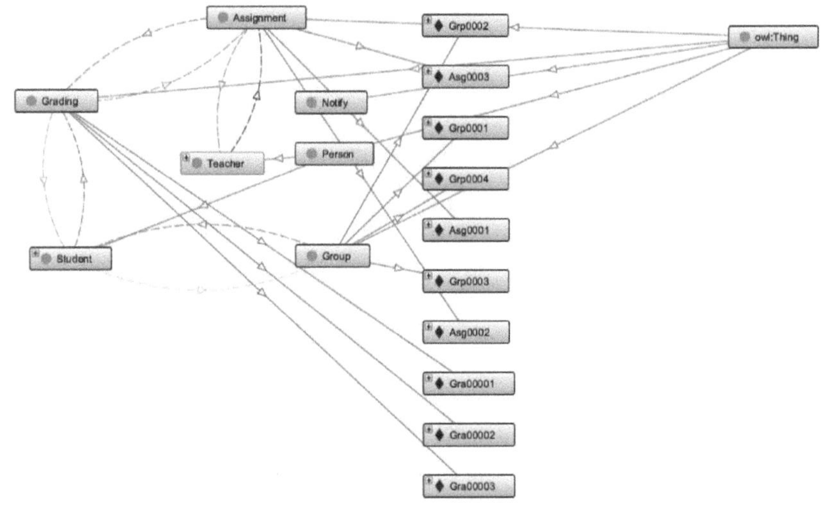

Figura 26. Representación de las clases, relaciones e instancias de la ontología.

Para el caso del proyecto en mención se ejecutara la siguiente consulta en Sparql

```
PREFIX owl: <http://www.w3.org/2002/07/owl#>

 PREFIX rdf: <http://www.w3.org/1999/02/22-rdf-syntax-ns#>

            PREFIX rdfs: <http://www.w3.org/2000/01/rdf-schema#>

            PREFIX                                          ROSCC:
<http://www.semanticweb.org/jegjo/ontologies/Myontology1#>

            SELECT ?first_name ?last_name ?age ?name_group
```

WHERE {

    ?Student ROSCC:First_Name ?first_name.

    ?Student ROSCC:is_Enrrolled ROSCC:Grp0001.

    ?Student ROSCC:Last_Name ?last_name.

    ?Student ROSCC:Age ?age.

    }

Orderby ?first_name

En Protegé el resultado será el que aparece resaltado de color azul en la figura 27.

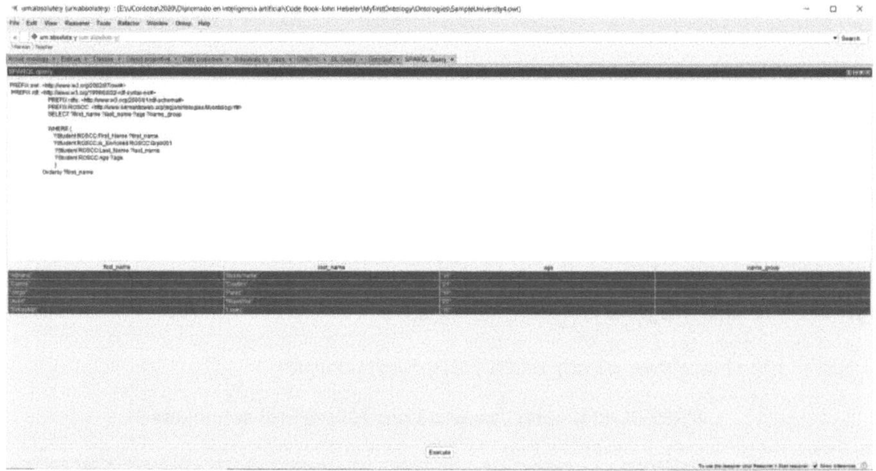

Figura 27. Resultado de una consulta SparQL en Protegé.

Para el caso del proyecto en Netbeans. La implementación se da de la siguiente forma:

En la figura 28, se explica el espacio de nombre

Figura 28. Explicación del espacio de nombre

```
Model _student = null;

Model schema = null;

InfModel inferredStudent = null;
```

Se definen _student y schema de tipo Model para cargar el modelo extraido de la consulta. inferredStudent permite ejecutar la inferencia a partir del razonador.

```
Searchontology myontology = new Searchontology();
```

Se Instancia la clase Searchontology en myontology

Esta sección permite cargar el archivo de la ontología mediante el método populateFOAFFriends()

```
//Load my Students
        System.out.println("Load my Student");
        myontology.populateFOAFFriends();
```

La invocación del método populateFOAFFriends(), permite extraer la ontología del archivo OWL, SampleUniversity4.owl

```
private void populateFOAFFriends(){
        _student = ModelFactory.createOntologyModel();
        InputStream inFoafInstance =
FileManager.get().open("Ontologies/SampleUniversity4.owl");
```

```
        _student.read(inFoafInstance,defaultNameSpace);

        //inFoafInstance.close();


    }
```

El método myStudents, permite definir la consulta que visualizara la información de los estudiantes.

```
private void myStudents(Model model){

        //listing students

        runQuery("SELECT ?first_name ?last_name ?age ?name_group\n" +

"        WHERE {\n" +

"        ?Student ROSCC:First_Name ?first_name. \n" +

"         ?Student ROSCC:is_Enrrolled ROSCC:Grp0001.\n" +

"         ?Student ROSCC:Last_Name ?last_name.\n" +

"         ?Student ROSCC:Age ?age.} \n" +

"        Orderby ?first_name ", model);  //add the query string


    }
```

El método runQuery permite agregar los prefijos de las URL de las ontologías a utilizar, posteriormente, se carga el modelo de la consulta myStudents.

```java
private void runQuery(String queryRequest, Model model){

                StringBuffer queryStr = new StringBuffer();

                // Establish Prefixes

                //Set default Name space first

                queryStr.append("PREFIX

ROSCC:<http://www.semanticweb.org/jegjo/ontologies/Myontology1#>");

        queryStr.append("PREFIX owl: <http://www.w3.org/2002/07/owl#>\n") ;

        queryStr.append("PREFIX rdf" + ": <" + "http://www.w3.org/1999/02/22-rdf-

syntax-ns#" + "> ");

        queryStr.append("PREFIX rdfs" + ": <" + "http://www.w3.org/2000/01/rdf-

schema#" + "> ");


        queryStr.append("PREFIX foaf" + ": <" + "http://xmlns.com/foaf/0.1/" + ">

");


                //Now add query


        queryStr.append(queryRequest);

        Query query = QueryFactory.create(queryStr.toString());

        QueryExecution qexec = QueryExecutionFactory.create(query, model);

        try {
```

```java
        ResultSet response = qexec.execSelect();

         System.out.println("Starting search");

        while( response.hasNext()){


                QuerySolution soln = response.nextSolution();

                RDFNode firstname = soln.get("?first_name");

                RDFNode lastname = soln.get("?last_name");

             RDFNode age = soln.get("?age");



             if( (firstname != null) && (lastname != null) && (age != null)){
                        System.out.println( "First Name " + firstname.toString() +" "+
" Last Name " + lastname.toString()+" Age " + age.toString());
                }
                else
                        System.out.println("No student found!");
                }
        } finally { qexec.close();}

        }
```

```
PREFIX owl: <http://www.w3.org/2002/07/owl#>

PREFIX rdf: <http://www.w3.org/1999/02/22-rdf-syntax-ns#>
```

```
PREFIX rdfs: <http://www.w3.org/2000/01/rdf-schema#>

PREFIX                                                    ROSCC:
<http://www.semanticweb.org/jegjo/ontologies/Myontology1#>

SELECT ?first_name ?last_name ?age


WHERE {
        ?Student ROSCC:First_Name ?first_name.
    ?Student ROSCC:is_Enrrolled ROSCC:Grp0001.
    ?Student ROSCC:Last_Name ?last_name.
    ?Student ROSCC:Age ?age.
    Filter(?age >'16')
                }
Orderby ?first_name
```

4.2. GESTION DE ONTOLOGÍAS CON UN RESTFUL WEB SERVICE CON JAVA

Requerimientos

Netbeans 12.1

https://downloads.apache.org/netbeans/netbeans/12.1

Importante

Vamos a utilizar Payara Server como nuestro servidor. Ya que este trae por defecto la librería Javax.ws.rs la cual es requerida

En caso de que al momento de correr el servidor se genere error por el uso del JDK 13 que trae por defecto esta versión de NetBeans 12.1, tendríamos que instalar la versión JDK 8U111 (1.8)

https://www.oracle.com/technetwork/es/java/javase/downloads/jdk-netbeans-jsp-3413139-esa.html

Nos vamos al icono de Nuevo proyecto y damos clic

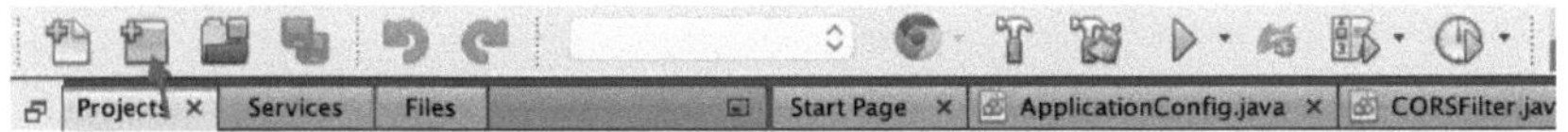

Seleccionamos Java with Ant, Java Web y por último Web Application

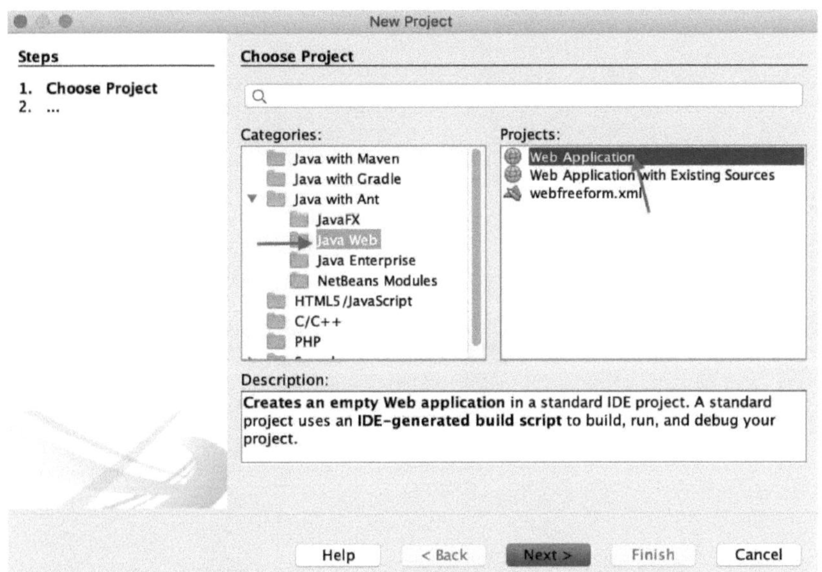

Escribimos el nombre del proyecto y presionamos Next

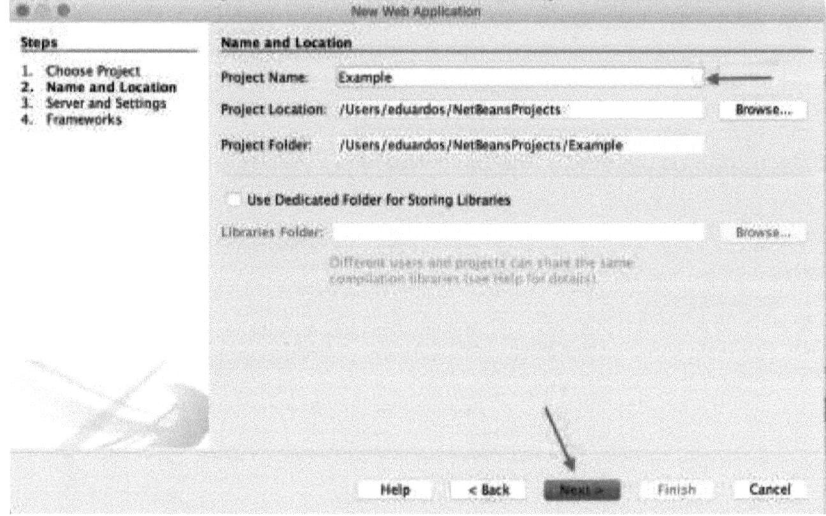

Seleccionamos **Payara Server** y presionamos Finish

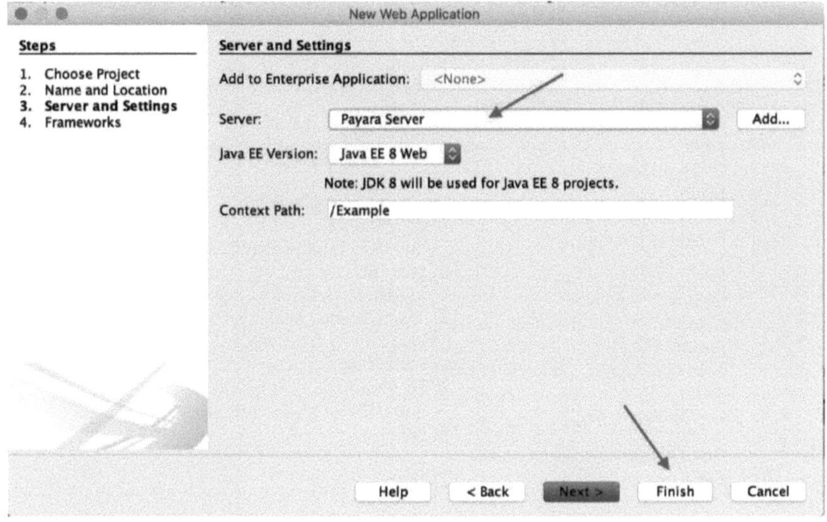

Una vez creado el proyecto, damos clic derecho, New, y

seleccionamos la opción **RESTful Web Services from Patterns**

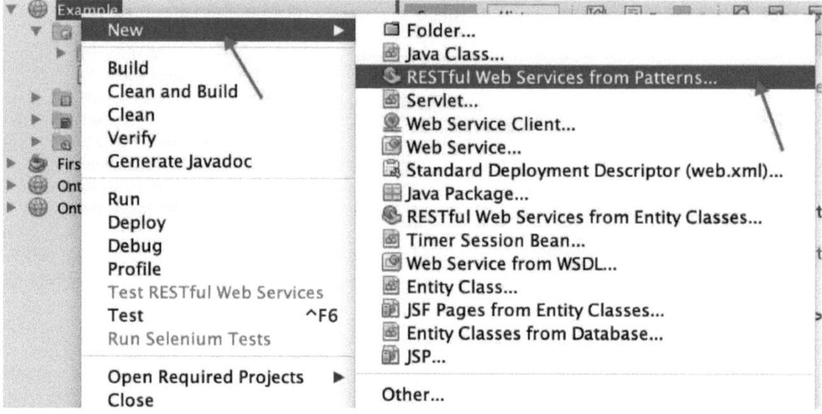

Seleccionamos la primera opción y presionamos Next

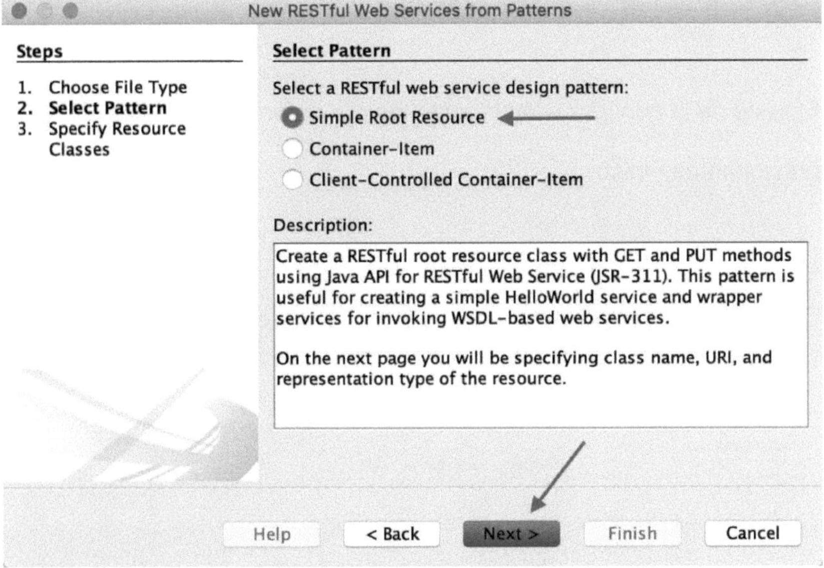

El nombre del proyecto debe aparecer por defecto. Escribimos un nombre para el paquete, por convención, **API**.

El resto de la configuración la dejamos por defecto y por último presionamos Finish.

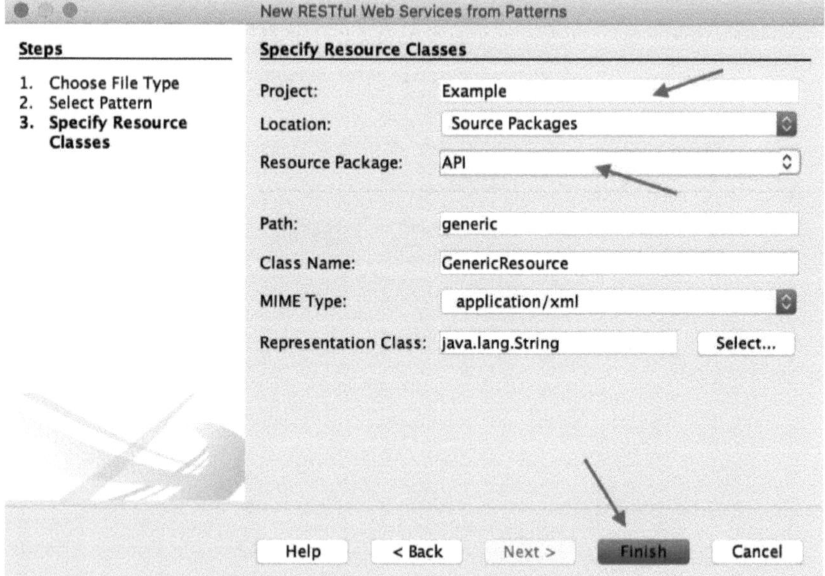

Esta es la estructura que se nos crea.

El archivo **GenericResources** contiene dos endpoints que se ven reflejados dentro de la carpeta **RESTful Web Services**. Si eliminamos alguno de los dos, también se borrará de la otra ubicación.

Ya con esto podríamos correr el servidor y utilizar alguno de estos dos endpoints. Pero primero modificaremos este archivo para que retorne el JSON de las consultas OWL que hagamos.

MODIFICACION DE ARCHIVOS

Teniendo en cuenta la siguiente imagen de cómo va a quedar nuestro proyecto, debemos añadir los archivos **CORSFilter.java** para el manejo de las CORS y el archivo **SampleUniversity4.owl** el cual contiene las clases, propiedades e instancias para realizar las consultas.

Además, modificar el archivo **GenericResources.java** para añadir el código que recibe nuestra solicitud GET y ejecutar la query.

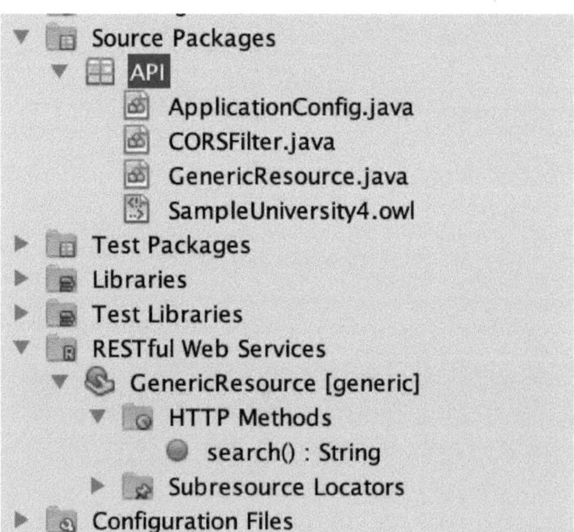

CODIGO DEL ARCHIVO CORSFilter.java

Este archivo es el encargado de configurar las políticas CORS, para que nuestro servidor no rechace las solicitudes que le hagamos desde cualquier cliente.

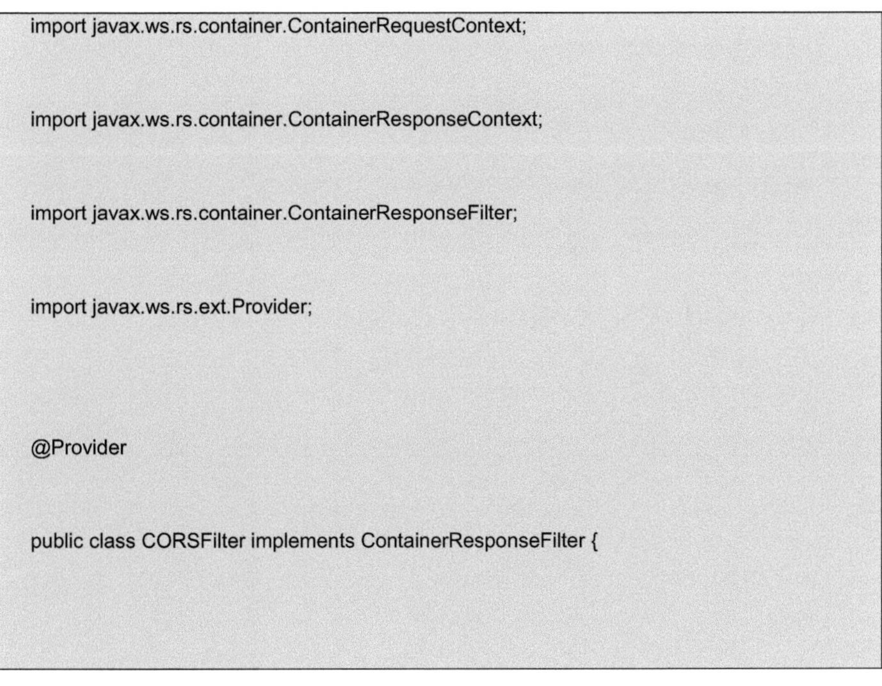

```java
import javax.ws.rs.container.ContainerRequestContext;

import javax.ws.rs.container.ContainerResponseContext;

import javax.ws.rs.container.ContainerResponseFilter;

import javax.ws.rs.ext.Provider;


@Provider

public class CORSFilter implements ContainerResponseFilter {
```

```java
@Override

public void filter(final ContainerRequestContext requestContext, final

ContainerResponseContext cres) throws IOException {

    cres.getHeaders().add("Access-Control-Allow-Origin", "*");

    cres.getHeaders().add("Access-Control-Allow-Headers", "origin, content-type, accept,

    authorization");

    cres.getHeaders().add("Access-Control-Allow-Credentials", "true");

    cres.getHeaders().add("Access-Control-Allow-Methods", "GET, POST, PUT, DELETE,

    OPTIONS, HEAD");

    cres.getHeaders().add("Access-Control-Max-Age", "1209600");

  }

}
```

CODIGO DEL ARCHIVO SampleUniversity4.owl

El código de este archivo será enviado junto con esta documentación. En el se encuentran todas las Clases, instancias, relaciones y propiedades necesarias para hacer las consultas.

CODIGO DEL ARCHIVO GenericResources.java

```java
import javax.ws.rs.core.Context;

import javax.ws.rs.core.UriInfo;

import javax.ws.rs.Produces;

import javax.ws.rs.GET;

import javax.ws.rs.Path;

import javax.ws.rs.core.MediaType;

import javax.ws.rs.QueryParam;
```

```java
import com.hp.hpl.jena.query.Query;

import com.hp.hpl.jena.query.QueryExecution;

import com.hp.hpl.jena.query.QueryExecutionFactory;

import com.hp.hpl.jena.query.QueryFactory;

import com.hp.hpl.jena.query.QuerySolution;

import com.hp.hpl.jena.query.ResultSet;

import com.hp.hpl.jena.rdf.model.*;

import com.hp.hpl.jena.util.FileManager;

import java.io.InputStream;

import javax.ws.rs.DefaultValue;


/**
```

```java
*       REST Web Service

*

*       @author eduardos */ @Path("generic")

public class GenericResource {

static String defaultNameSpace = "http://www.semanticweb.org/jegjo/ontologies/Myontology1#";
Model _student = null;

Model schema = null;

InfModel inferredStudent = null;

@Context
private UriInfo context;

/**

*       Creates a new instance of GenericResource */
```

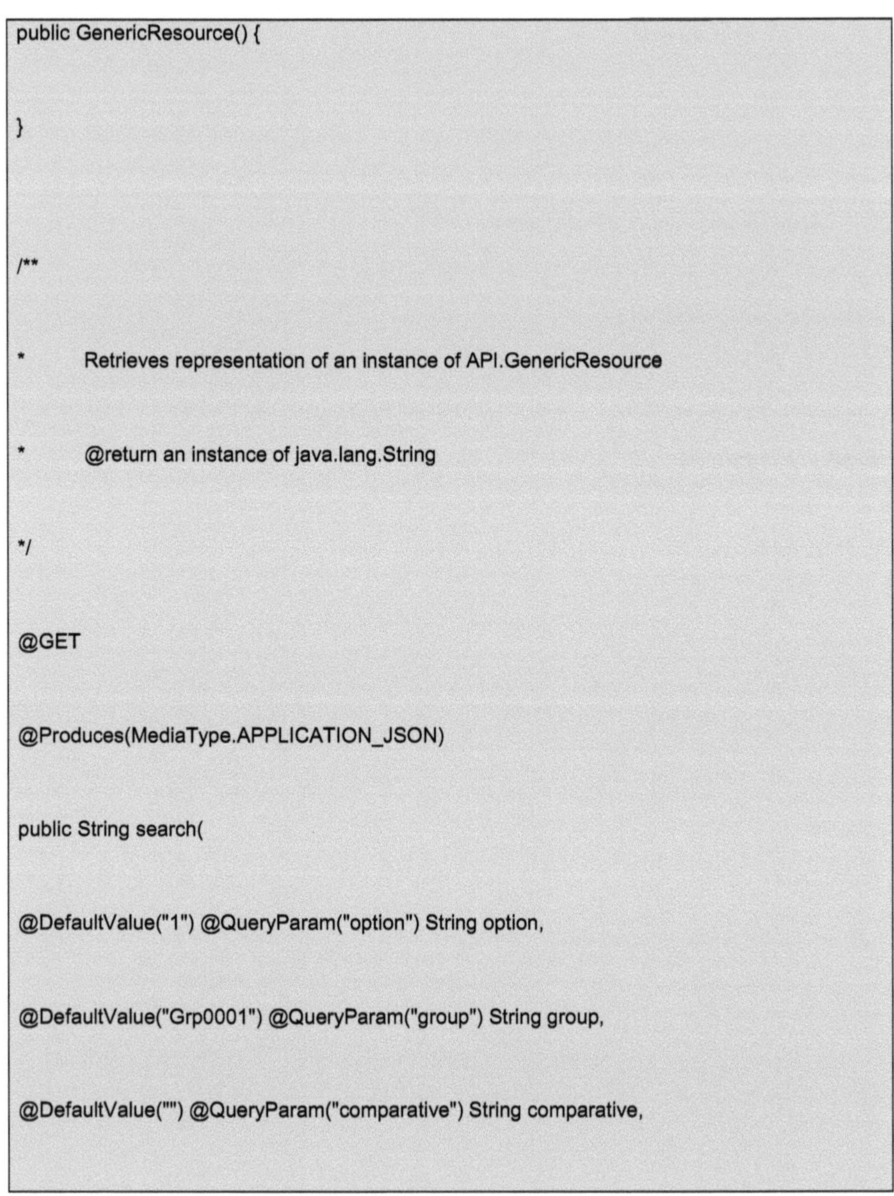

```java
public GenericResource() {

}

/**

*       Retrieves representation of an instance of API.GenericResource

*       @return an instance of java.lang.String

*/

@GET

@Produces(MediaType.APPLICATION_JSON)

public String search(

@DefaultValue("1") @QueryParam("option") String option,

@DefaultValue("Grp0001") @QueryParam("group") String group,

@DefaultValue("") @QueryParam("comparative") String comparative,
```

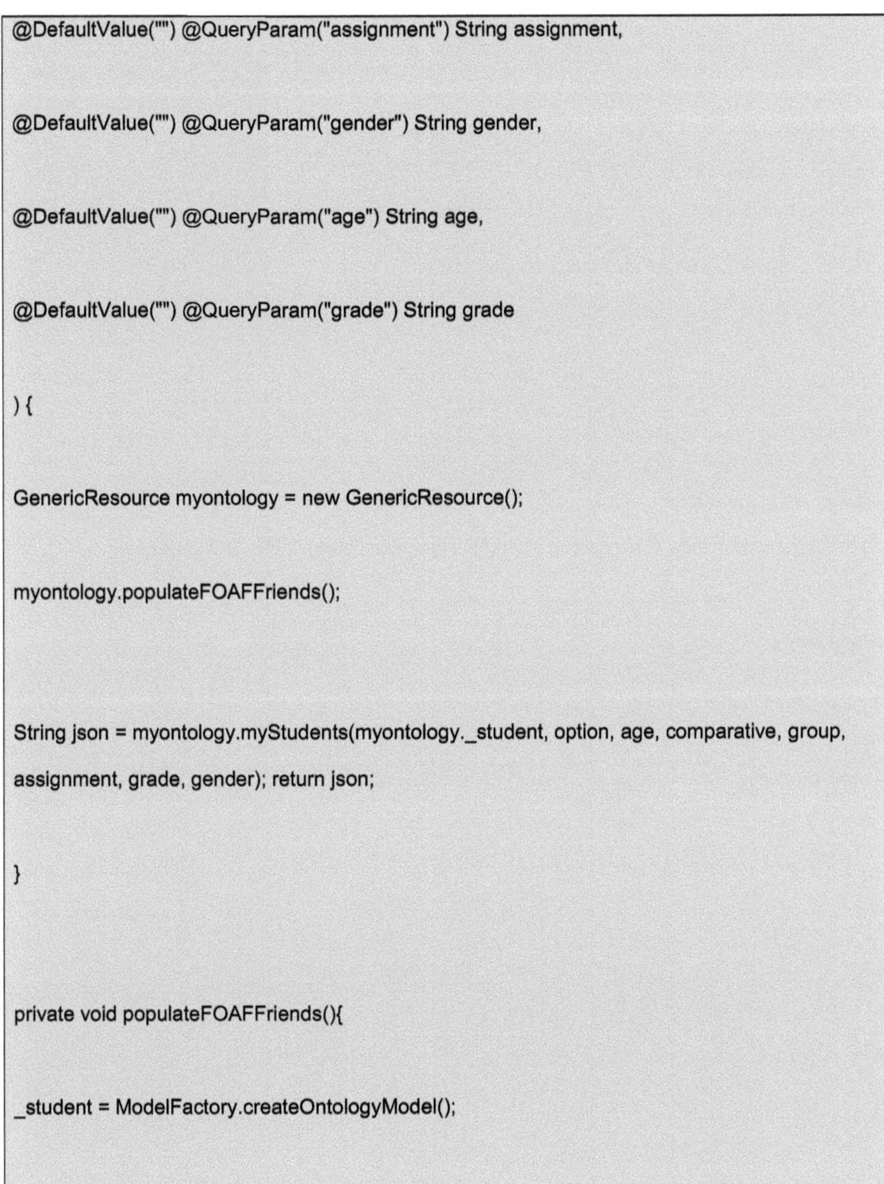

```java
@DefaultValue("") @QueryParam("assignment") String assignment,

@DefaultValue("") @QueryParam("gender") String gender,

@DefaultValue("") @QueryParam("age") String age,

@DefaultValue("") @QueryParam("grade") String grade

) {

GenericResource myontology = new GenericResource();

myontology.populateFOAFFriends();

String json = myontology.myStudents(myontology._student, option, age, comparative, group,
assignment, grade, gender); return json;

}

private void populateFOAFFriends(){

_student = ModelFactory.createOntologyModel();
```

```java
InputStream inFoafInstance =

FileManager.get().open("/Users/eduardos/NetBeansProjects/OntologiesService2/src/java/API/SampleUniversity4.owl");

_student.read(inFoafInstance,defaultNameSpace);

}

private String myStudents(Model model, String option, String age, String
comparativeExpression, String group, String assignment, String grade, String gender){

String query = "";

switch (option) {

case "1": {

query = "SELECT ?first_name ?last_name ?age ?name_group\n" +

"       WHERE {\n" +

"       ?Student ROSCC:First_Name ?first_name. \n" +
```

```
"        ?Student ROSCC:is_Enrrolled ROSCC:" + group + ".\n" +

"        ?Student ROSCC:Last_Name ?last_name.\n" +

"        ?Student ROSCC:Age ?age.} \n" +

"        Orderby ?first_name";

break;

}

case "2": {

query = "SELECT ?first_name ?last_name ?age\n" +

"        WHERE {\n" +

"        ?Student ROSCC:First_Name ?first_name. \n" +

"        ?Student ROSCC:is_Enrrolled ROSCC:" + group + ". \n" +

"        ?Student ROSCC:Last_Name ?last_name. \n" +
```

```java
"        ?Student ROSCC:Age ?age. Filter(?age "+ comparativeExpression + """ + age + "') } \n"
+

"        Orderby ?first_name";

break;

}

case "3": {

query = "SELECT ?first_name ?last_name ?age\n" +

"        WHERE {\n" +

"        ?Teacher ROSCC:First_Name ?first_name. \n" +

"        ?Teacher ROSCC:is_Imparted ROSCC:" + assignment + ". \n" +

"        ?Teacher ROSCC:Last_Name ?last_name. \n" +

"        ?Teacher ROSCC:Age ?age.} \n" +

"        Orderby ?first_name";
```

```java
break;

}

case "4": {

query = "SELECT ?first_name ?last_name ?age\n" +

"        WHERE {\n" +

"        ?Student ROSCC:First_Name ?first_name. \n" +

"        ?Grading ROSCC:is_A_Student ?Student. \n" +

"        ?Student ROSCC:Age ?age. \n" +

"        ?Student ROSCC:Last_Name ?last_name.\n" +

"        ?Grading ROSCC:Finish_Grade ?finish_grade. Filter(?finish_grade " +
comparativeExpression + "'" + grade + "') } \n" +

"        Orderby ?first_name";

break;
```

```java
}

case "5": {

query = "SELECT ?first_name ?last_name ?age\n" +

"        WHERE {\n" +

"        ?Teacher ROSCC:First_Name ?first_name. \n" +

"        ?Teacher ROSCC:is_Imparted ?assignment. \n" +

"        ?Teacher ROSCC:Last_Name ?last_name. \n" +

"        ?Teacher ROSCC:Age ?age. \n" +

"        ?Teacher ROSCC:Gender ?gender. Filter(?gender = '" + gender + "') } \n" +

"        Orderby ?first_name";

break;

}

default: return "";
```

```java
}

//listing students

return runQuery(query, model); //add the query string

}

private String runQuery(String queryRequest, Model model){

StringBuffer queryStr = new StringBuffer();

// Establish Prefixes

//Set default Name space first

queryStr.append("PREFIX
ROSCC:<http://www.semanticweb.org/jegjo/ontologies/Myontology1#>");
queryStr.append("PREFIX owl: <http://www.w3.org/2002/07/owl#>\n") ;
queryStr.append("PREFIX rdf" + ": <" + "http://www.w3.org/1999/02/22-rdfsyntax-ns#" + "> ");
queryStr.append("PREFIX rdfs" + ": <" + "http://www.w3.org/2000/01/rdfschema#" + "> ");
```

```java
queryStr.append("PREFIX foaf" + ": <" + "http://xmlns.com/foaf/0.1/" + ">");

//Now add query

queryStr.append(queryRequest);

Query query = QueryFactory.create(queryStr.toString());

QueryExecution qexec = QueryExecutionFactory.create(query, model);

String json = "";

try {

ResultSet response = qexec.execSelect();

System.out.println("Starting search");

while(response.hasNext()){
```

```java
QuerySolution soln = response.nextSolution();

RDFNode firstname = soln.get("?first_name");

RDFNode lastname = soln.get("?last_name");

RDFNode age = soln.get("?age");


if( (firstname != null) && (lastname != null) && (age != null)){

json += "{\"name\":\""+ firstname.toString() +"\"," +

"\"last_name\":\""+ lastname.toString() +"\"," +

"\"age\":\""+ age.toString() +"\"}";


if (response.hasNext()) json += ",";

} else {

System.out.println("No data found!");

}
```

```
}



} finally { qexec.close();



}



return "[" + json + "]";



}



}
```

Este archivo contiene un endpoint de tipo GET el cual es llamado **search**. Dentro de este se obtienen los **QueryParameters** que son enviados desde la aplicación cliente.

IMPORTANTE

169

En la método **populateFOAFFriends()** debe reemplazarse la
ubicación del archivo **SampleUniversity4.owl** por la ubicación en la
que se encuentre en su ordenador.

```java
}

private void populateFOAFFriends(){
    _student = ModelFactory.createOntologyModel();
    InputStream inFoafInstance = FileManager.get().open("/Users/eduardos/NetBeansProjects/OntologiesService2/src/java/API/SampleUniversity4.owl");
    _student.read(inFoafInstance, defaultNameSpace);
}
```

De lo contrario, marcara error al momento de hacer la consulta ya que no encontrara el archivo.

Con esto, ya tendría implementado su RESTFul Web Service en Java. Solo nos hace falta cualquier cliente para consumirlo.

EJEMPLO DE APLICACIÓN CLIENTE

Este cliente consta de un archivo HTML en el cual importamos estilos del framework Bootstrap CSS y hacemos uso de la librería AXIOS para hacer la petición GET a nuestro servidor. Además, hacemos uso de un archivo llamado Index.js para obtener los datos del HTML y hacer la solicitud.

IMPORTANTE: Ambos archivos deben estar dentro de una misma carpeta.

CODIGO ARCHIVO INDEX.HTML


```html
<!DOCTYPE html>

<html lang="es">

<head>

<meta charset="UTF-8">

<meta name="viewport" content="width=device-width, initial-scale=1.0">

<link rel="stylesheet" href="https://stackpath.bootstrapcdn.com/bootstrap/5.0.0-
alpha1/css/bootstrap.min.css" integrity="sha384-
r4NyP46KrjDleawBgD5tp8Y7UzmLA05oM1iAEQ17CSuDqnUK2+k9luXQOfXJCJ4l"
crossorigin="anonymous">

<title>Web Ontologies</title>

</head>

<body style="background: #fafafa;">

<div class="container pt-4">
```

```html
<div class="row">

<div class="col-4">

<div class="border bg-white rounded p-4">

<h4 class="mb-4">Menu</h4>

<div class="row">

<div class="col-6">

<h6>Opción</h6>

<input id="option" type="text" class="form-control mb-3">

</div>

<div class="col-6">

<h6>Grupo</h6>

<input id="group" type="text" class="form-control mb-3">
```

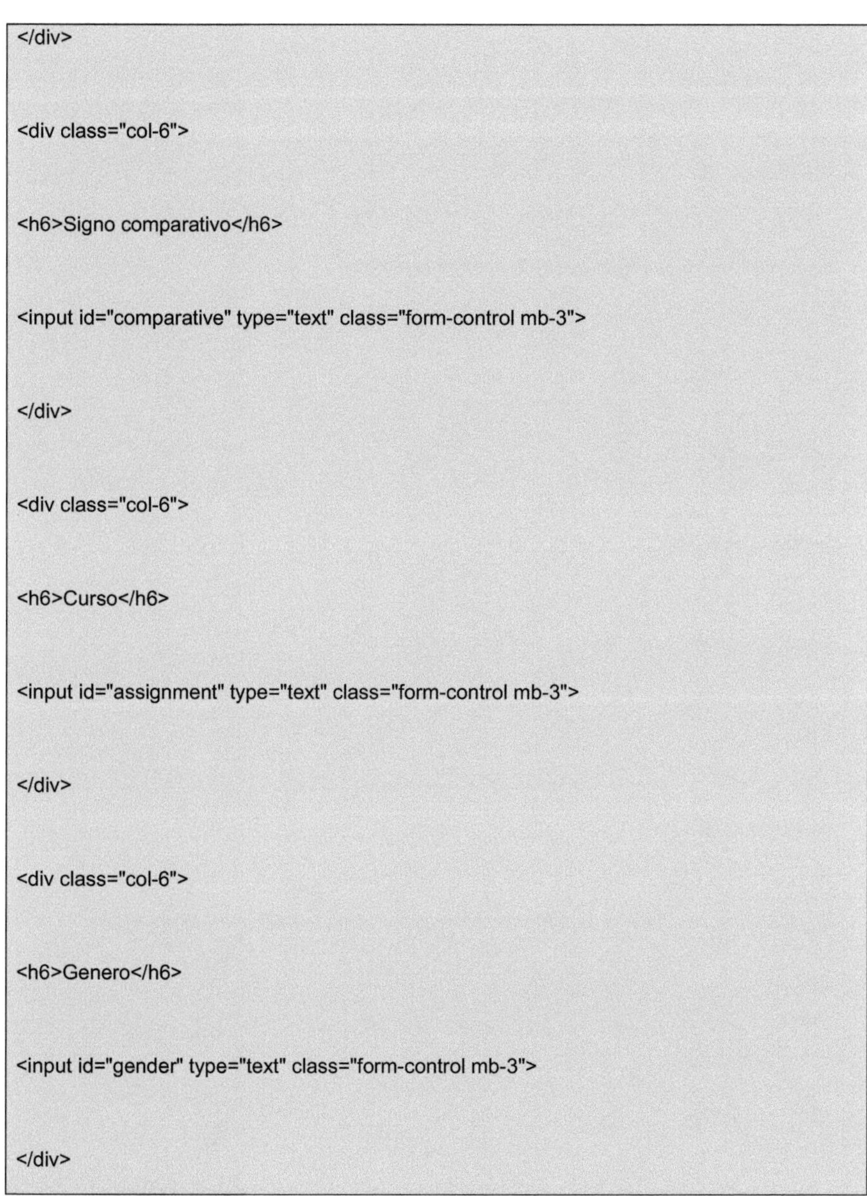

```html
</div>

<div class="col-6">

<h6>Signo comparativo</h6>

<input id="comparative" type="text" class="form-control mb-3">

</div>

<div class="col-6">

<h6>Curso</h6>

<input id="assignment" type="text" class="form-control mb-3">

</div>

<div class="col-6">

<h6>Genero</h6>

<input id="gender" type="text" class="form-control mb-3">

</div>
```

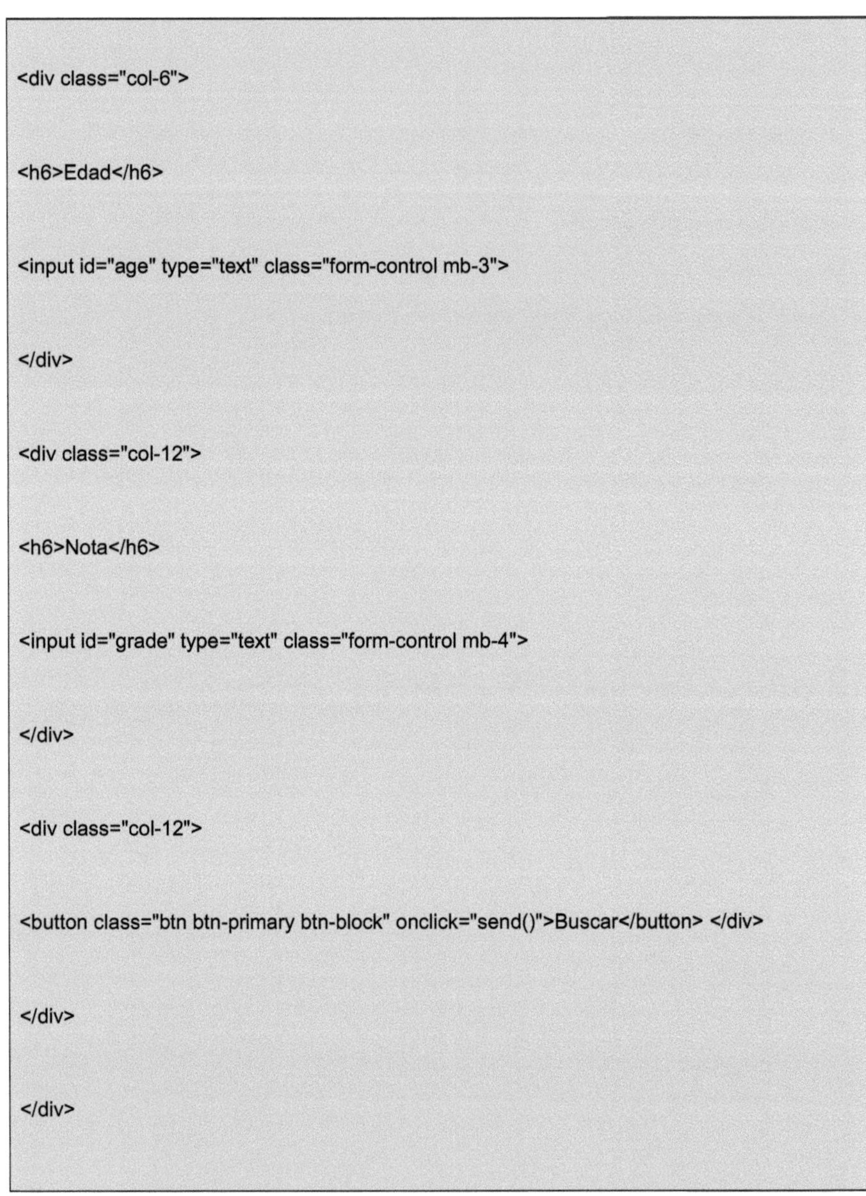

```html
<div class="col-6">

  <h6>Edad</h6>

  <input id="age" type="text" class="form-control mb-3">

</div>

<div class="col-12">

  <h6>Nota</h6>

  <input id="grade" type="text" class="form-control mb-4">

</div>

<div class="col-12">

  <button class="btn btn-primary btn-block" onclick="send()">Buscar</button> </div>

</div>
```

```html
</div>

<div class="col-8">

<div class="border bg-white rounded p-4 mb-4">

<h4 class="mb-4">Consultas disponibles</h4>

<div class="row">

<div class="col-6">

<p>1. Listar estudiantes por grupo</p>

</div>

<div class="col-6">

<p>2. Listar estudiantes por grupo y edad</p>

</div>

<div class="col-6">

<p>3. Listar docentes por asignatura</p>
```

```html
</div>

<div class="col-6">

<p>4. Listar estudiantes por notas</p>

</div>

<div class="col-6">

<p>5. Listar docentes por genero</p>

</div>

</div>

</div>

<div class="border bg-white rounded p-4">

<h4 class="mb-4">Resultado</h4>

<div id="result"></div>
```

```html
</div>

</div>

</div>

</div>

<script src="https://cdn.jsdelivr.net/npm/popper.js@1.16.0/dist/umd/popper.min.js"
integrity="sha384-
Q6E9RHvbIyZFJoft+2mJbHaEWIdlvI9IOYy5n3zV9zzTtmI3UksdQRVvoxMfooAo"
crossorigin="anonymous"></script>

<script src="https://stackpath.bootstrapcdn.com/bootstrap/5.0.0-alpha1/js/bootstrap.min.js"
integrity="sha384-
oesi62hOLfzrys4LxRF63OJCXdXDipiYWBnvTl9Y9/TRlw5xlKIEHpNyvvDShgf/"
crossorigin="anonymous"></script>

<script src="https://cdn.jsdelivr.net/npm/axios/dist/axios.min.js"></script> <script
src="./index.js"></script>

</body>

</html>
```

CODIGO ARCHIVO INDEX.JS

178

```javascript
const send = async () => {

const option = document.getElementById('option').value

const group = document.getElementById('group').value

const comparative = document.getElementById('comparative').value

const assignment = document.getElementById('assignment').value

const gender = document.getElementById('gender').value

const age = document.getElementById('age').value

const grade = document.getElementById('grade').value

const queryParams =
```

```javascript
`?option=${option}&group=${group}&comparative=${comparative}&assignment=${assig

nment}&gender=${gender}&age=${age}&grade =${grade}`


try {

const { data } = await

axios.get(`http://localhost:8080/OntologiesService2/webresources/generic${queryParam

s}`)


const resultDiv = document.getElementById('result')

let stringHtml = '<div class="alert alert-primary" role="alert">Sin resultados</div>'


if (data.length > 0) {

const items = data.map(item =>

`<tr>

<td>${item.name}</td>
```

```javascript
<td>${item.last_name}</td>

<td>${item.age} años</td>

</tr>`

).join('')


stringHtml =

`<table class="table">

<thead>

<tr>

<th scope="col">Nombre</th>

<th scope="col">Apellidos</th>

<th scope="col">Edad</th>
```

```
</tr>

</thead>

<tbody>${items}</tbody>

</table>`

}


resultDiv.innerHTML = stringHtml

} catch (err) { console.log(err)


}


}
```

IMPORTANTE

Debe cambiar la URL que se encuentra en el método **axios.get()** por la generada por su servidor.

```javascript
try {
  const { data } = await axios.get('http://localhost:8080/OntologiesService2/webresources/generic5{queryParams}')
  const resultDiv = document.getElementById('result')
  let stringHtml = '<div class="alert alert-primary" role="alert">Sin resultados</div>'
```

Para generar esa URL debe darle clic derecho a su proyecto y presionar la opción RUN. Una vez este corriendo, da clic derecho en el método **search() : String** y presione **Test Resource Uri**.

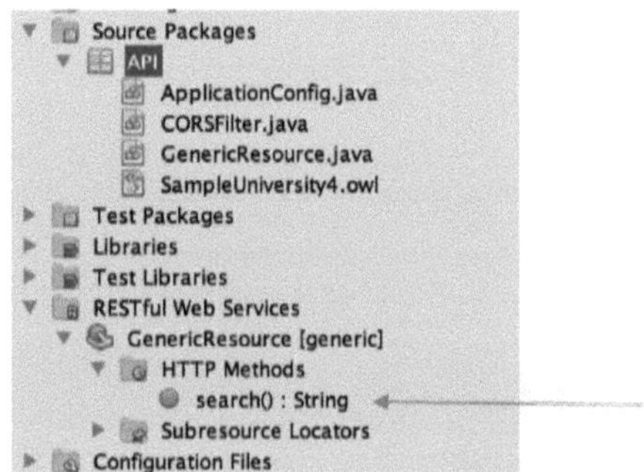

Una vez implementado el código anterior en sus respectivos

archivos, podemos abrir **Index.html**

Se nos mostrara una página web como la siguiente en la cual ya

podríamos ingresar los valores para cada consulta y se verán los

resultados de nuestro **RESTFul Web Service**.

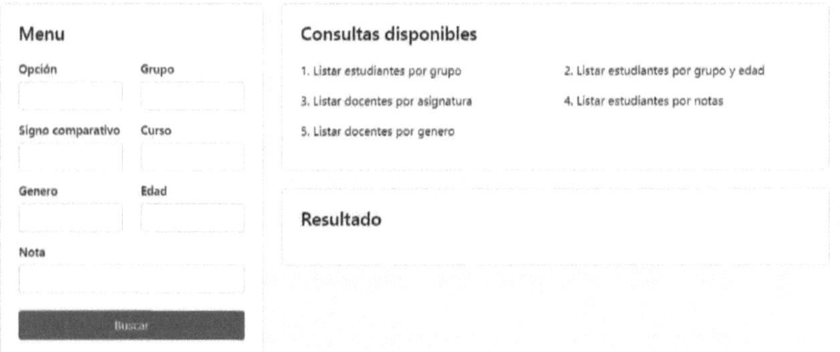

Por ejemplo, si quiere ejecutar la consulta 1. Debe ingresar en el campo opción el número 1 y en el campo grupo, el grupo por el que quiere filtrar. Por ejemplo, Grp0001.

4.3. Creación de Web Service para uso de Ontologías

Esta guía muestra el paso a paso en la creación de un web service para hacer consultas a ontologías, no se mostrará el paso a paso en la creación de la aplicación web cliente que consume esta web service.

Netbeans Versión 11.3

1. Primero se crea un nuevo proyecto, para ello se da click en el botón nuevo proyecto, luego se escoge el apartado "Ant -> Web Aplication".

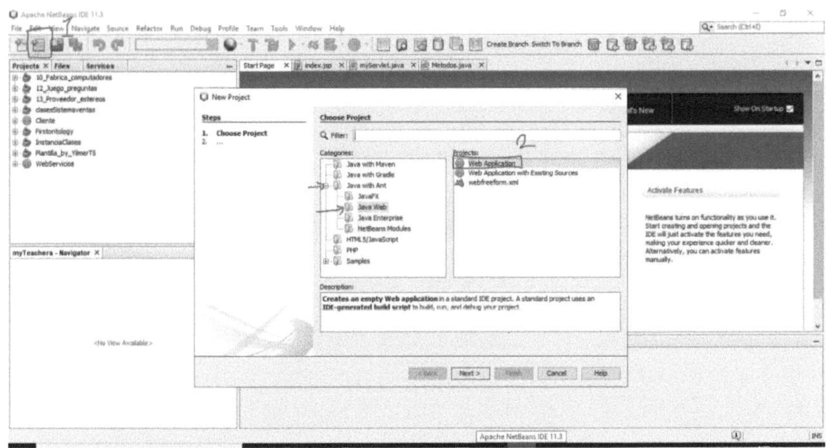

2. Luego indicamos le ponemos nombre a nuestro proyecto en este caso

"WebServicios" y presionamos siguiente.

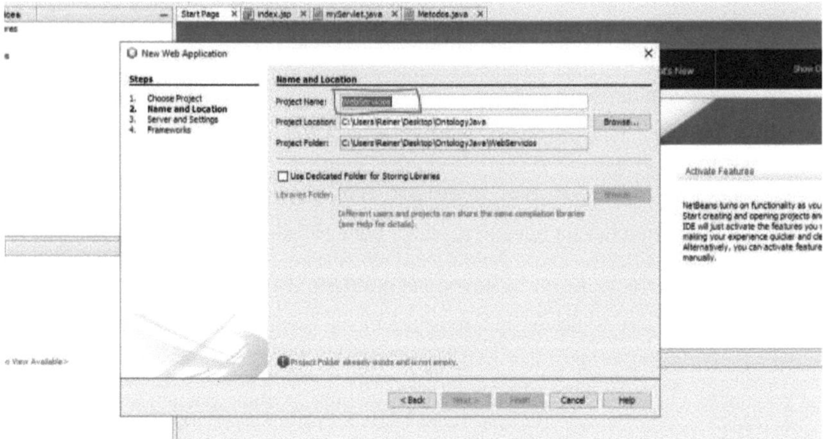

3. Elegimos el servidor glassfish y la version Java EE mas actual y precionamos FINISH.

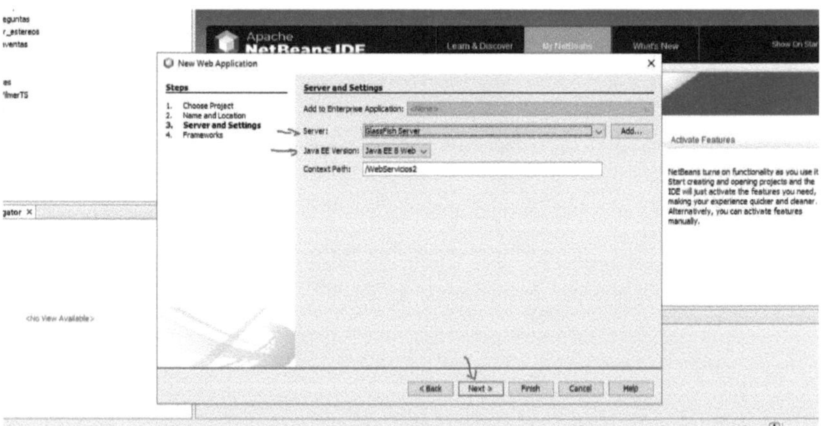

4. Nos quedara algo como esto.

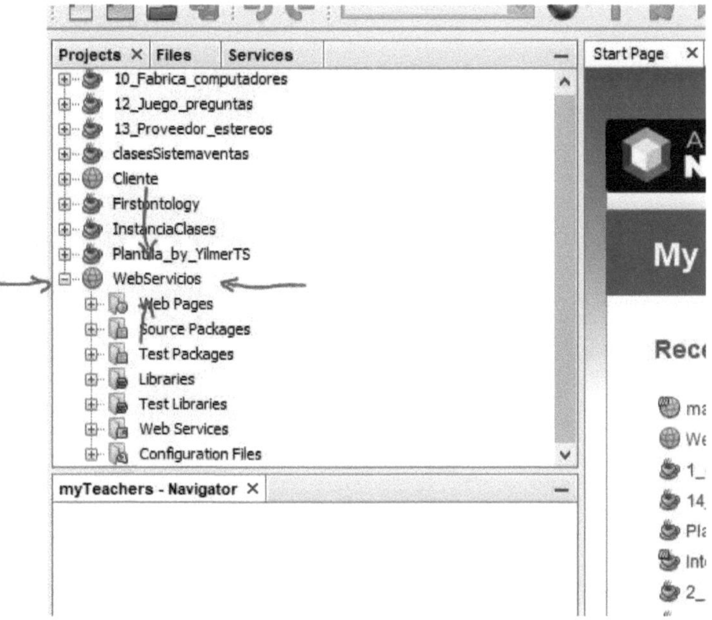

5. Hacemos click derecho sobre nuestro proyecto, luego elegimos New ->

   WebService, le ponemos el nombre Servicio Web y en nombre de paquete le

   ponemos WS y presionamos FINISH. Como se muestra a continuación.

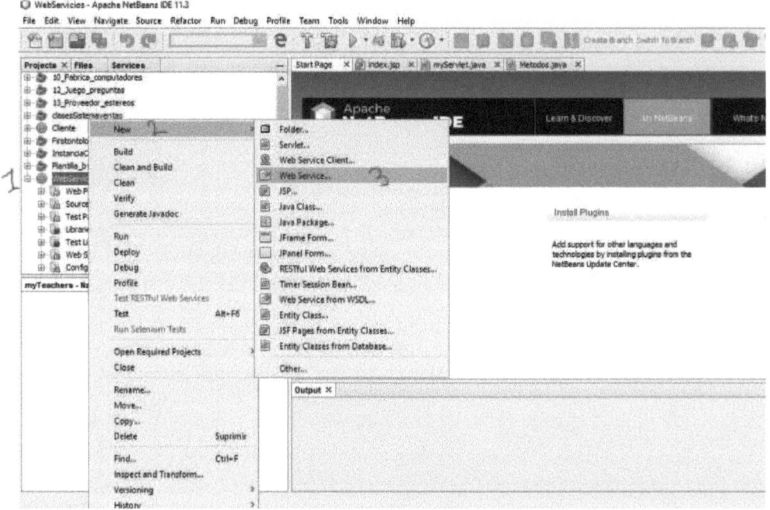

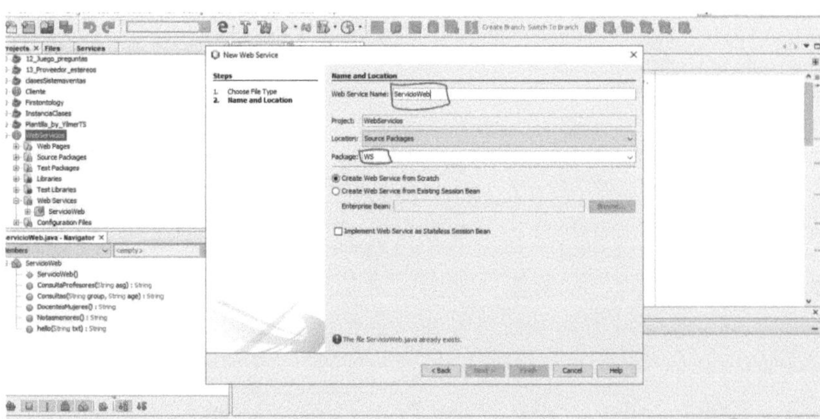

6. Nos generara algo como lo que vemos en la siguiente imagen, vemos
claramente que hemos creado nuestro Web Service pero este solo tiene una
consulta llamada hello.

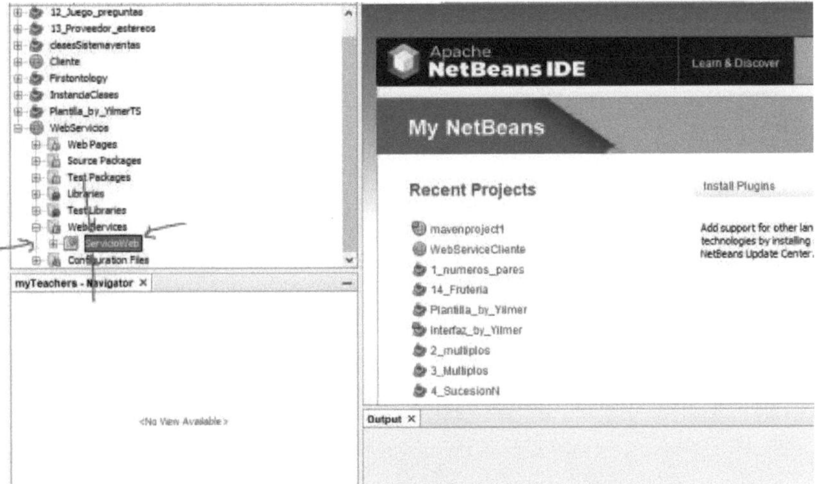

7. Ahora crearemos un clase llamada "Metodos" en el paquete llamado WS que se
creó automáticamente cuando creamos el WebService, para damos click
derecho sobre el paquete WS -> New - > Class Java

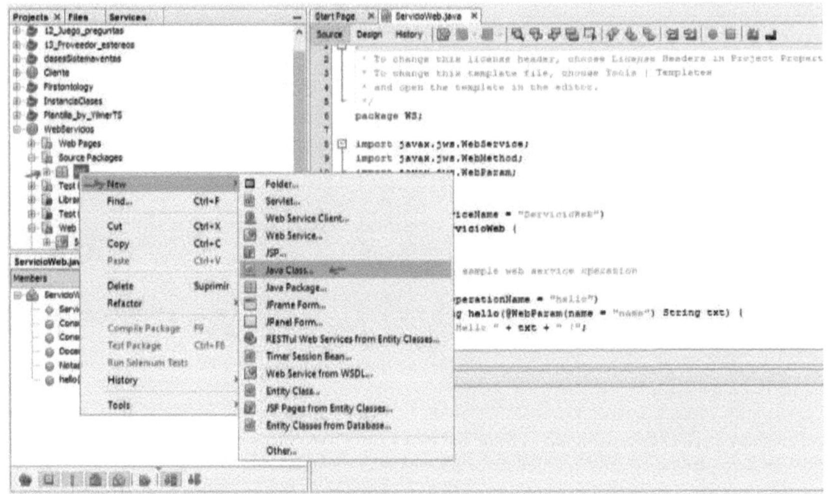

8. A nuestra clase Java le ponemos el nombre "Métodos" y es en esta clase donde meteremos todo el código que interactuara con nuestra ontología.

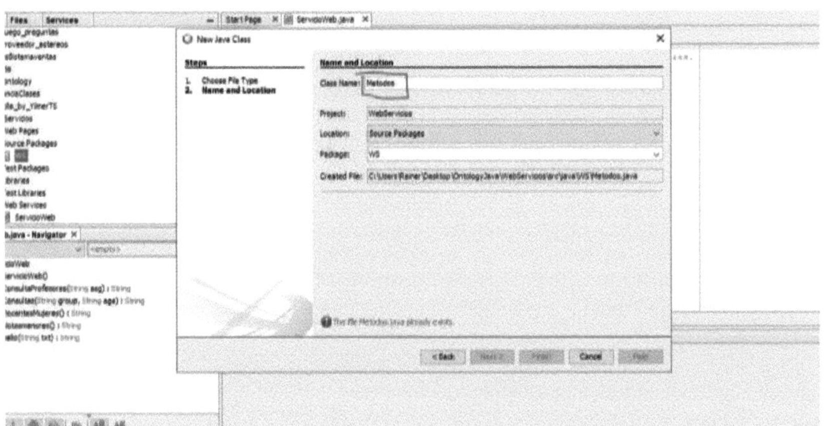

9. Ahora procederemos a importar las librerías que usara nuestra web service para ello damos click derecho en la carpeta "Libraries" en nuestro proyecto y luego "Add JAR/folder…".

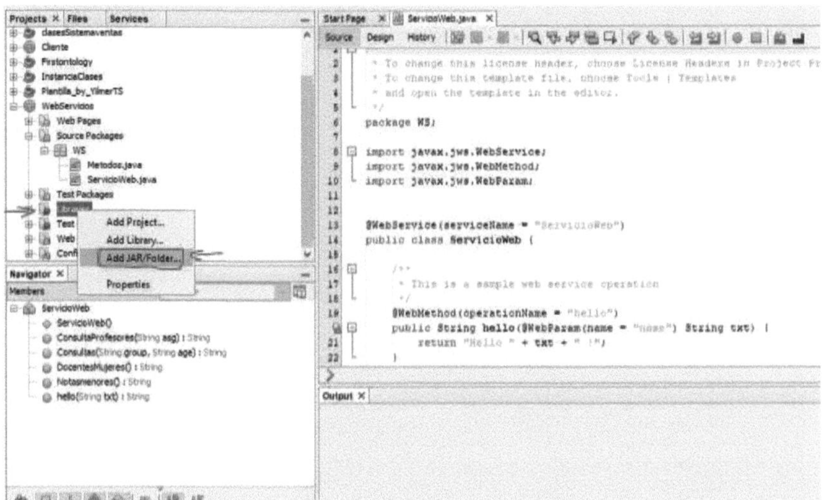

10. Buscamos la ubicación de las librerías descargadas en nuestro equipo, seleccionamos todas las librerías y presionamos "Abrir".

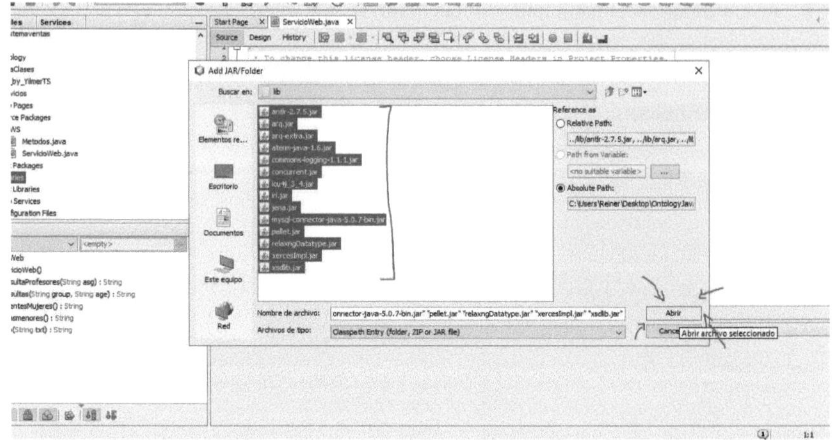

Debería quedarnos algo así.

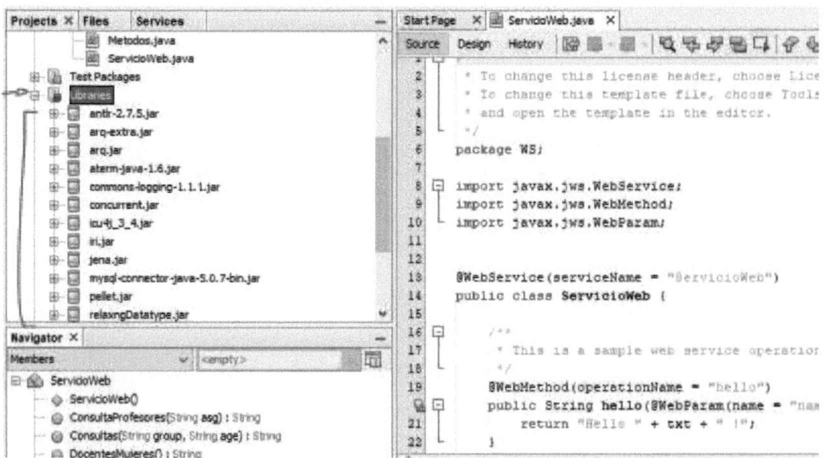

11. Ahora volvemos a nuestra clase "Metodos" que creamos dentro del paquete WS hace un momento.

Copiamos y pegamos los siguientes imports en la cabecera de la clase, como se muestra a continuación.

```
import java.io.IOException;

import java.io.InputStream;

import java.util.Iterator;

import org.mindswap.pellet.jena.PelletReasonerFactory;

import com.hp.hpl.jena.query.Query;

import com.hp.hpl.jena.query.QueryExecution;

import com.hp.hpl.jena.query.QueryExecutionFactory;

import com.hp.hpl.jena.query.QueryFactory;

import com.hp.hpl.jena.query.QuerySolution;

import com.hp.hpl.jena.query.ResultSet;

import com.hp.hpl.jena.rdf.model.*;

import com.hp.hpl.jena.reasoner.Reasoner;

import com.hp.hpl.jena.reasoner.ReasonerRegistry;

import com.hp.hpl.jena.reasoner.ValidityReport;

import com.hp.hpl.jena.reasoner.rulesys.GenericRuleReasoner;

import com.hp.hpl.jena.reasoner.rulesys.Rule;
```

```java
import com.hp.hpl.jena.util.FileManager;

import static WS.Metodos.defaultNameSpace;
```

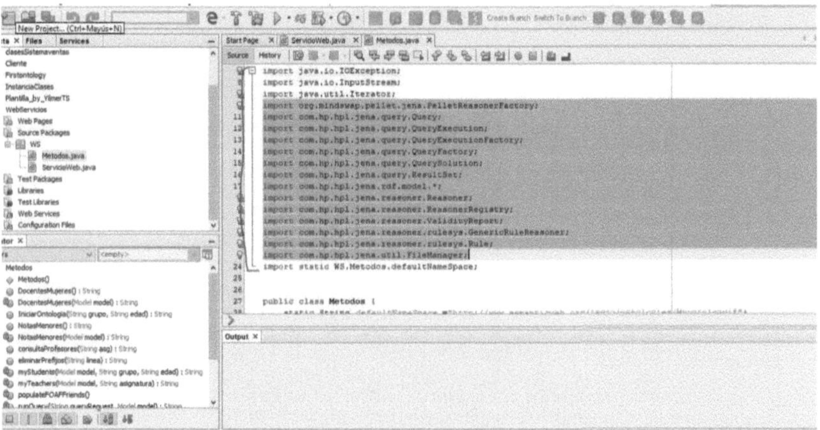

Nota: Si importamos bien las librerías en el paso 10 no nos dará ningún error al pegar los imports en nuestra clase "Metodos".

12.   Dentro de nuestro public class **Metodos**, pegamos el siguiente código que es el que accederá a nuestra ontología y ejecutará las respectivas consultas.

```java
static String defaultNameSpace

="http://www.semanticweb.org/jegjo/ontologies/Myontology1#";

    Model _student = null;

    Model schema = null;

    InfModel inferredStudent = null;

    String resultado="";


    public String IniciarOntologia(String grupo,String edad){

    Metodos myontology = new Metodos();

    myontology.populateFOAFFriends();

    String res=myontology.myStudents(myontology._student,grupo,edad);

    return res;

    }

    public String consultaProfesores(String asg){

    Metodos myontology = new Metodos();

    myontology.populateFOAFFriends();

    String res=myontology.myTeachers(myontology._student,asg);

    return res;

    }

    public String NotasMenores(){

    Metodos myontology = new Metodos();

    myontology.populateFOAFFriends();

    String res=myontology.NotasMenores(myontology._student);
```

```java
return res;

}

public String DocentesMujeres(){

Metodos myontology = new Metodos();

myontology.populateFOAFFriends();

String res=myontology.DocentesMujeres(myontology._student);

return res;

}


private void populateFOAFFriends(){

    _student = ModelFactory.createOntologyModel();

    InputStream inFoafInstance =
FileManager.get().open("C:/Users/Reiner/Desktop/OntologyJava/WebServicios/Onto
logies/SampleUniversity4.owl");

    _student.read(inFoafInstance,defaultNameSpace);

    if (inFoafInstance == null) {

      resultado="not found";

      throw new IllegalArgumentException("File: " +
"Ontologies/SampleUniversity4.owl" + " not found");


    }

  //inFoafInstance.close();

  }
```

```java
private String myStudents(Model model,String grupo,String edad){
String res=runQuery("SELECT ?first_name ?last_name ?age\n"+
    "WHERE {\n"+
    "?Student ROSCC:First_Name ?first_name.\n"+
    "?Student ROSCC:is_Enrrolled ROSCC:"+grupo+".\n"+
    "?Student ROSCC:Last_Name ?last_name.\n"+
    "?Student ROSCC:Age ?age.\n"+
    "Filter(?age >'"+edad+"')}\n"+
    "Orderby ?first_name", model); //add the query string
return res;
}
private String myTeachers(Model model,String asignatura){
    //listing students
    String res=runQuery("SELECT ?first_name ?last_name ?age\n"+
    "WHERE {\n"+
    "?Teacher ROSCC:First_Name ?first_name.\n"+
    "?Teacher ROSCC:is_Imparted ROSCC:"+asignatura+".\n"+
    "?Teacher ROSCC:Last_Name ?last_name.\n"+
    "?Teacher ROSCC:Age ?age.}\n"+
    "Orderby ?first_name", model); //add the query string
    return res;
}
```

```java
private String NotasMenores(Model model){
String res=runQuery("SELECT ?first_name ?last_name ?age ?finish_grade\n" +
   " WHERE {\n" +
   " ?Student ROSCC:First_Name ?first_name. \n" +
   " ?Grading ROSCC:is_A_Student ?Student.\n"+
   " ?Grading ROSCC:Finish_Grade ?finish_grade.\n" +
   " ?Student ROSCC:Last_Name ?last_name.\n" +
   " ?Student ROSCC:Age ?age.\n" +
   "Filter(?finish_grade <='3')}\n"+
   "Orderby ?first_name", model); //add the query string
return res;
}


private String DocentesMujeres(Model model){
String res=runQuery("SELECT ?first_name ?last_name ?age \n" +
   " WHERE {\n" +
   "?Teacher ROSCC:First_Name ?first_name. \n" +
   "?Teacher ROSCC:is_Imparted ?assingment.\n"+
   "?Teacher ROSCC:Last_Name ?last_name.\n" +
   "?Teacher ROSCC:Age ?age.\n" +
   "?Teacher ROSCC:Gender ?gender.\n" +
   "Filter(?gender = 'F')}\n"+
   "Orderby ?first_name", model); //add the query string
```

```java
return res;

}


private String runQuery(String queryRequest, Model model){

StringBuffer queryStr = new StringBuffer();

// Establish Prefixes

//Set default Name space first

queryStr.append("PREFIX ROSCC:\n"

+"<http://www.semanticweb.org/jegjo/ontologies/Myontology1#>");

queryStr.append("PREFIX owl: <http://www.w3.org/2002/07/owl#>\n") ;

queryStr.append("PREFIX rdf" + ": <" + "http://www.w3.org/1999/02/22-rdf-syntax-

ns#" + "> ");

queryStr.append("PREFIX rdfs" + ": <" + "http://www.w3.org/2000/01/rdf-

schema#" + "> ");

queryStr.append("PREFIX foaf" + ": <" + "http://xmlns.com/foaf/0.1/" + ">");


//Now add query

queryStr.append(queryRequest);

Query query = QueryFactory.create(queryStr.toString());

QueryExecution qexec = QueryExecutionFactory.create(query, model);

try {

ResultSet response = qexec.execSelect();

//System.out.println("Starting search");
```

```java
while( response.hasNext()){

QuerySolution soln = response.nextSolution();

RDFNode firstname = soln.get("?first_name");

RDFNode lastname = soln.get("?last_name");

RDFNode age = soln.get("?age");

if( (firstname != null) && (lastname != null) && (age != null)){


    resultado+="<div class=\"alert alert-info\" role=\"alert\">First Name: " +
firstname.toString() +""+

            " Last Name: " + lastname.toString()+

            " Age: " + age.toString()+"</div>";


  }
else

   resultado="No student found!";

}
} finally {

   qexec.close();}

   return resultado;

}


public String eliminarPrefijos (String linea){
```

```java
linea=linea.replace("^^http://www.semanticweb.org/jegjo/ontologies/Myontology1#",
  "");

  return linea;

  }
```

Nos quedaría algo como esto.

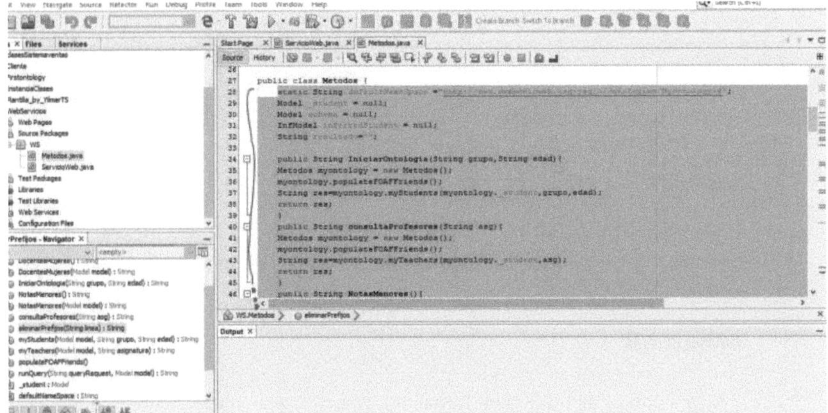

13. Ahora damos doble click en el archivo ServicioWeb que esta junto a nuestra clase métodos.

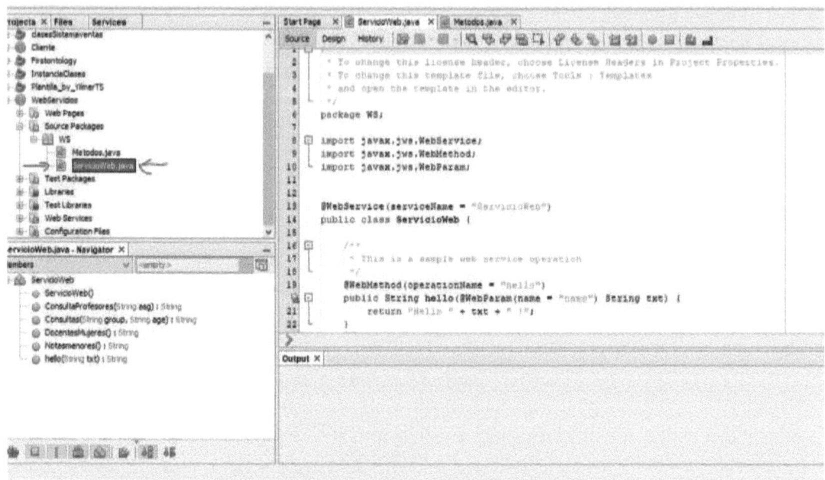

14. A continuación pegamos el siguiente código dentro de este.

```
package WS;


import javax.jws.WebService;

import javax.jws.WebMethod;

import javax.jws.WebParam;




@WebService(serviceName = "ServicioWeb")

public class ServicioWeb {


    /**
```

```java
 * This is a sample web service operation
 */
@WebMethod(operationName = "hello")
public String hello(@WebParam(name = "name") String txt) {
    return "Hello " + txt + " !";
}


/**
 * Web service operation
 */
@WebMethod(operationName = "Consultas")
public String Consultas(@WebParam(name = "group") String group,
@WebParam(name = "age") String age) {
    //TODO write your implementation code here:
    Metodos obj=new Metodos();
    String result=obj.IniciarOntologia(group,age);
    return result;
}


/**
 * Web service operation
 */
@WebMethod(operationName = "ConsultaProfesores")
public String ConsultaProfesores(@WebParam(name = "asg") String asg) {
    Metodos obj=new Metodos();
```

```java
        String result=obj.consultaProfesores(asg);

        return result;

    }


    /**

     * Web service operation

     */

    @WebMethod(operationName = "Notasmenores")

    public String Notasmenores() {

        Metodos obj=new Metodos();

        String result=obj.NotasMenores();

        return result;

    }


    /**

     * Web service operation

     */

    @WebMethod(operationName = "DocentesMujeres")

    public String DocentesMujeres() {

        Metodos obj=new Metodos();

        String result=obj.DocentesMujeres();

        return result;

    }


}
```

15. Listo si hicimos todos los pasos iguales nuestro web service estará creado y

funcionando. Para testear si nuestro WebService está funcionando hacemos lo

siguiente.

Ejecutamos nuestro Web Service.

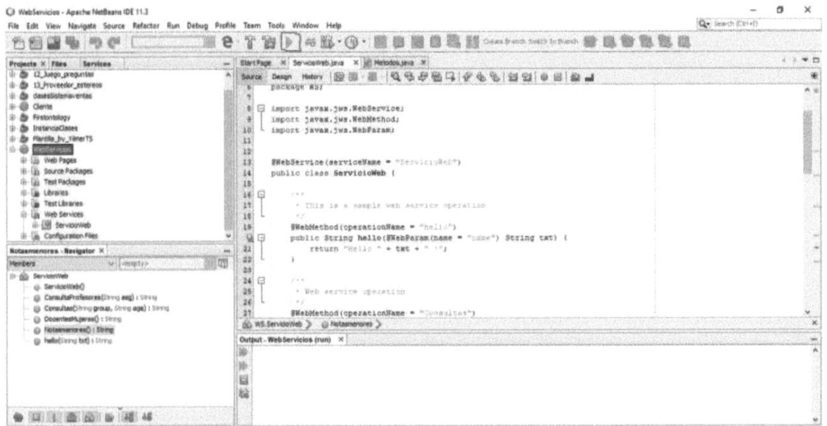

Una vez ejecutado nuestro web service este nos abrirá el navegador mostrándonos que

el servidor se ejecutó correctamente en nuestro sistema.

Luego de esto nos vamos a netbeans y desplegamos la carpeta Web services – luego damos click derecho sobre Servicio Web ->Test Web Service.

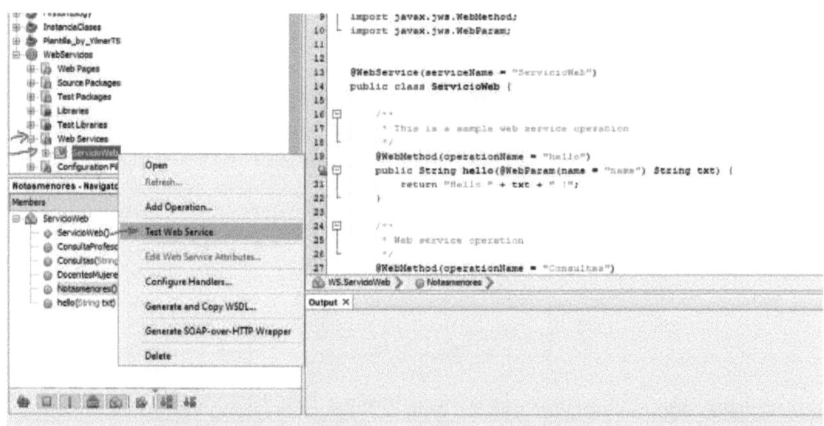

Esto nos abrirá el navegador de internet explorer y nos mostrará una página por defecto que crea netbeans para poder testear nuestra web service y las consultas que creamos.

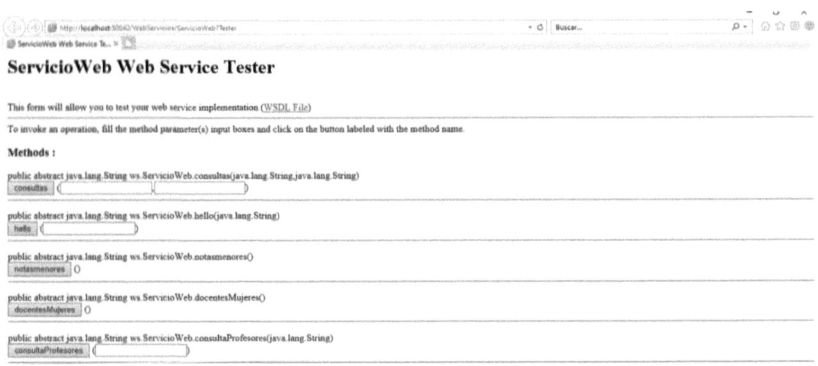

Ahora solo nos queda meterle datos y verificar que nos está haciendo la consulta a la ontología correctamente.

This form will allow you to test your web service implementation (WSDL File)

To invoke an operation, fill the method parameter(s) input boxes and click on the button labeled with the method name.

Methods :

public abstract java.lang.String ws.ServicioWeb.consultas(java.lang.String,java.lang.String)

consultas (Grp0001 , 18 ×)

public abstract java.lang.String ws.ServicioWeb.hello(java.lang.String)

Vemos claramente la respuesta a nuestra consulta.

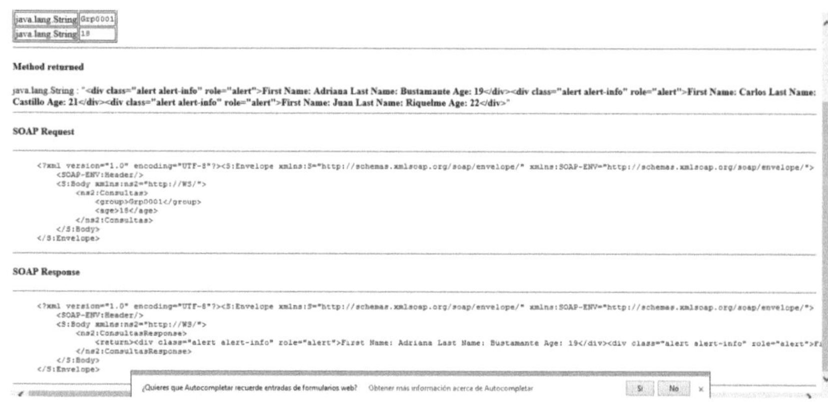

Enhorabuena has creado tu primer web service para consultas en una ontología.

A continuación, se mostrará el uso y funcionamiento de una aplicación web que hará uso de los recursos de nuestra Web Service.

Se creó una aplicación web en java muy básica con el único propósito de consumir la web service creada anteriormente, para ello se creó la aplicación web con un servlet para manejar todos las peticiones y parámetros enviados por el usuario y hacer la conexión con el web service, este servlet también se encarga de almacenar la respuesta retornaba por el web service y pintar una página con la respuesta de la consulta.

Esta aplicación web tambien cuenta con un index.jsp (JSP=Java Server Page) el cual nos mostrará la página de inicio al correr nuestra aplicación web, y también nos permitirá hacer peticiones a nuestro servlet.

Este sería nuestro resultado.

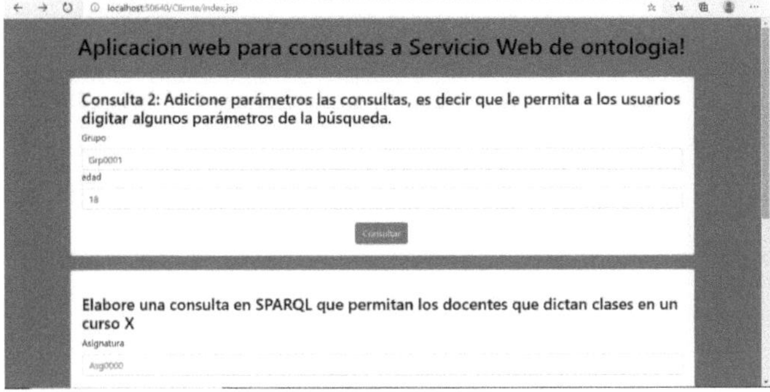

Librería usadas:

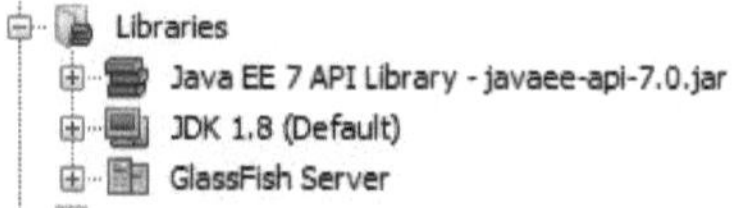

Jerarquía de clases y archivos:

Referencias

Chen, H., Finin, T., Joshi, A (2003), An Ontology for Context Aware Pervasive Computing Environments. The Knowledge Engineering Review, vol. 18, no. 03, pp. 197 a 207

Chen, H., Perich, F., Finin, T. , Joshi, A, (2004), SOUPA: Standard Ontology for Ubiquitous and Pervasive Applications. In Mobile and Ubiquitous Systems: Networking and Services, MOBIQUITOUS 2004, pp. 258 a 276. IEEE

Wang, X.H., Zhang, D.Q., Gu, T., Pung, H.K, (2004), Ontology Based Context Modeling and Reasoning using OWL. In Pervasive Computing and Communications Workshops, 2004, pp. 18a 22. IEEE

Strang, T., Linnhoff-Popien, C., Frank, K.: CoOL, (2003), A Context Ontology Language to enable Contextual Interoperability. In 4th Int. Conf. on Distributed Applications and Interoperable Systems, pp. 236 a 247. Springer, Berlin Heidelberg

Klyne, G., Reynolds, F., Woodrow, C., Ohto, H., Hjelm, J., Butler, M.H., Tran, L, (2004), Composite Capability/Preference Profiles (CC/PP): Structure and Vocabularies 1.0. W3C Recommendation. http://www.w3.org/TR/CCPP-struct-vocab/Gu,

T., Wang, X.H., Pung, H.K., Zhang, D.Q.: (2004),. An ontology-based context model in intelligent environments. In Proceedings of communication networks and distributed systems modeling and simulation conference, pp. 270 a 275 (2004).

Xu, N., Zhang, W.S., Yang, H.D., Zhang, X.G., Xing, X, (2013), CACOnt: a ontology-based model for context modeling and reasoning. In Applied Mechanics and Materials, Vol. 347, pp. 2304 a 2310

Van Heijst, G., Schreiber, A. T., & Wielinga, B. J. (1997). Using explicit ontologies in KBS development. *International journal of human-computer studies*, *46*(2-3), 183-292.

Mizoguchi, R., Vanwelkenhuysen, J., & Ikeda, M. (1995). Task ontology for reuse of problem solving knowledge. *Towards Very Large Knowledge Bases: Knowledge Building & Knowledge Sharing*, *46*, 59.

Xiang, Z., Courtot, M., Brinkman, R. R., Ruttenberg, A., & He, Y. (2010). OntoFox: web-based support for ontology reuse. *BMC research notes*, *3*(1), 175.

Jimeno-Yepes, A., Jiménez-Ruiz, E., Berlanga-Llavori, R., & Rebholz-Schuhmann, D. (2009). Reuse of terminological resources for efficient ontological engineering in Life Sciences. *BMC bioinformatics*, *10*(10), S4.

Uschold, M., & King, M. (1995). Towards a methodology for building ontologies (pp. 15-30). Edinburgh: Artificial Intelligence Applications Institute, University of Edinburgh.

Fernández-López, M. (1999). Overview of methodologies for building ontologies.

J. F. Allen. Towards a General Theory of Actions and Time. Artificial Intelligence 23:123-154, 1984.

Zhou, Q., & Fikes, R. (2002). A reusable time ontology. In *Proceeding of the AAAI Workshop on Ontologies for the Semantic Web*.

García, A. M. F., Alonso, S. S., & Sicilia, M. A. (2006). Una ontología en OWL para la representación semántica de objetos de aprendizaje. In *V Simposio Pluridisciplinar sobre Diseño y Evaluación de Contenidos Educativos Reutilizables (SPDECE 2008)*.

SparQL https://www.w3.org/TR/rdf-sparql-query/

SWRL https://www.w3.org/Submission/SWRL/#4

Ejecución de consultas en SWRL https://protege.stanford.edu/

conference/2007/slides/08.01_OConnor.pdf

Printed by Books on Demand GmbH, Norderstedt / Germany